DICAS ESSENCIAIS DE EMPREENDEDORISMO

SUGESTÕES PRÁTICAS PARA QUEM QUER EMPREENDER

O GEN | Grupo Editorial Nacional – maior plataforma editorial brasileira no segmento científico, técnico e profissional – publica conteúdos nas áreas de ciências sociais aplicadas, exatas, humanas, jurídicas e da saúde, além de prover serviços direcionados à educação continuada e à preparação para concursos.

As editoras que integram o GEN, das mais respeitadas no mercado editorial, construíram catálogos inigualáveis, com obras decisivas para a formação acadêmica e o aperfeiçoamento de várias gerações de profissionais e estudantes, tendo se tornado sinônimo de qualidade e seriedade.

A missão do GEN e dos núcleos de conteúdo que o compõem é prover a melhor informação científica e distribuí-la de maneira flexível e conveniente, a preços justos, gerando benefícios e servindo a autores, docentes, livreiros, funcionários, colaboradores e acionistas.

Nosso comportamento ético incondicional e nossa responsabilidade social e ambiental são reforçados pela natureza educacional de nossa atividade e dão sustentabilidade ao crescimento contínuo e à rentabilidade do grupo.

JOSÉ DORNELAS
DICAS ESSENCIAIS DE EMPREENDEDORISMO

SUGESTÕES PRÁTICAS PARA QUEM QUER EMPREENDER

- O autor deste livro e a editora empenharam seus melhores esforços para assegurar que as informações e os procedimentos apresentados no texto estejam em acordo com os padrões aceitos à época da publicação, *e todos os dados foram atualizados pelo autor até a data de fechamento do livro.* Entretanto, tendo em conta a evolução das ciências, as atualizações legislativas, as mudanças regulamentares governamentais e o constante fluxo de novas informações sobre os temas que constam do livro, recomendamos enfaticamente que os leitores consultem sempre outras fontes fidedignas, de modo a se certificarem de que as informações contidas no texto estão corretas e de que não houve alterações nas recomendações ou na legislação regulamentadora.

- Data de fechamento do livro: 28/10/2022

- O autor e a editora se empenharam para citar adequadamente e dar o devido crédito a todos os detentores de direitos autorais de qualquer material utilizado neste livro, dispondo-se a possíveis acertos posteriores caso, inadvertida e involuntariamente, a identificação de algum deles tenha sido omitida.

- **Atendimento ao cliente: (11) 5080-0751 | faleconosco@grupogen.com.br**

- Direitos exclusivos para a língua portuguesa
  Copyright © 2023 by
  Editora Atlas Ltda.
  Uma editora integrante do GEN | Grupo Editorial Nacional
  Travessa do Ouvidor, 11
  Rio de Janeiro – RJ – 20040-040
  www.grupogen.com.br

- Reservados todos os direitos. É proibida a duplicação ou reprodução deste volume, no todo ou em parte, em quaisquer formas ou por quaisquer meios (eletrônico, mecânico, gravação, fotocópia, distribuição pela Internet ou outros), sem permissão, por escrito, da Editora Atlas Ltda.

- Capa: Danilo Oliveira; adaptada por Manu | OFÁ Design

- Imagem da capa: stock.adobe.com/adam121

- Editoração Eletrônica: Daniel Kanai Ribeiro

- A 1ª edição foi publicada pela Editora Empreende.

- Ficha catalográfica

CIP-BRASIL. CATALOGAÇÃO NA PUBLICAÇÃO
SINDICATO NACIONAL DOS EDITORES DE LIVROS, RJ

D757d
Dornelas, José

Dicas essenciais de empreendedorismo : sugestões práticas para quem quer empreender / José Dornelas. - [2. ed.]. - Barueri [SP] : Atlas, 2023.
24 cm.

ISBN 978-65-5977-367-1

1. Empreendedorismo. 2. Criatividade nos negócios. 3. Inovação. I. Título.

22-79419 CDD: 658.421
          CDU: 005.342

Gabriela Faray Ferreira Lopes - Bibliotecária - CRB-7/6643

 **Autor**

José Dornelas é um dos maiores especialistas brasileiros em empreendedorismo e plano de negócios, e um dos mais requisitados conferencistas sobre o tema no país. Foi *Visiting Scholar* na Columbia University, em New York, e no Babson College, em Massachusetts — instituição considerada a principal referência internacional em empreendedorismo —, onde também realizou seu pós-doutorado. É doutor, mestre e engenheiro pela Universidade de São Paulo (USP). Leciona em cursos de MBA na USP e na Fundação Instituto de Administração (FIA), e atua como professor convidado em escolas de renome no país e no exterior. Autor de mais de 20 livros que se tornaram referência sobre os temas empreendedorismo e plano de negócios, fundou várias empresas e já assessorou dezenas das maiores empresas brasileiras e centenas de empreendedores. Mantém o *site* www.josedornelas.com.br, com cursos, vídeos, informações e dicas para empreendedores e acadêmicos.

Apresentação

Em *Dicas Essenciais de Empreendedorismo*, 160 dicas relacionadas aos mais variados temas do desafio de empreender são apresentadas de maneira objetiva e prática para auxiliar quem quer empreender, ou já empreende, nas suas tomadas de decisão. Os assuntos abordados englobam: criatividade, desenvolvimento econômico, desenvolvimento pessoal, dinheiro, empreendedorismo feminino, empreendedorismo jovem, estratégia, fluxo de caixa, gestão de empresas, gestão de pessoas, ideias, inovação, investidores, liderança, marketing, motivação, oportunidades, parcerias, perfil empreendedor, planejamento, remuneração, responsabilidade social, risco, sociedade, sustentabilidade, *valuation* e vendas.

Sumário

PARTE 1 – Criatividade, desenvolvimento pessoal, perfil empreendedor e risco...........1
   Empreenda sem ser criativo 2
   Para ter sucesso em empreendedorismo, preparo vale mais do que paixão.............. 4
   Como manter o foco no início de um negócio 5
   O perfil do empreendedor pode quebrar a empresa.. 6
   Entenda como funciona o cérebro do empreendedor...7
   Saiba o momento certo de buscar um objetivo 8
   Empreendedor precisa ter paciência sem perder agilidade...................................... 9
   Acredite: há quem fique infeliz quando ganha mais 10
   Meditação ajuda a tomar decisões de negócios 11
   Reservar um tempo para refletir aumenta a produtividade 12
   Empreender não é sinônimo de criar empresa 13
   Que tipo de empreendedor você é?...14
   Dica ao empreendedor sedentário: quem pratica atividade física ganha mais...........16
   Seja mais criativo não pensando no problema que quer resolver............................17
   Aumente sua criatividade ao tocar objetos usados por pessoas criativas 18
   Ambientes bagunçados estimulam a criatividade..19
   Criatividade no tempo livre atinge pico aos 51 anos..20
   Amantes do risco falham mais nos negócios 22
   Aproveite o almoço e o café para criar oportunidades e fazer negócios 23
   Mesmo com prazos apertados para uma tarefa, é preciso fazer intervalos.............. 24
   Nada é tão urgente 25
   Trabalhe menos e ganhe mais.. 26
   Brasileiros que fazem MBA são menos propensos a empreender............................ 27
   Empreendedores têm menos chances de arrumar emprego................................... 29
   O momento certo de mudar..30
   Todo empreendedor deve se preparar para o momento de saída 31
   A difícil decisão de parar.. 32
   Quem trabalha em pequena empresa é mais feliz.. 33
   E você achava que nos finais de semana seria feliz.. 34
   Quem empreende no final de semana deve pensar grande................................... 36
   Ansiedade atrapalha abertura da empresa.. 37

Descubra se você tem perfil de empreendedor serial 38
Gerencie o dia a dia para ser mais produtivo..39
Descubra se ter uma franquia é para você..40
Saiba se vale a pena ser um empreendedor individual 42
Decodificando o DNA do empreendedor de sucesso 43
Empreendedor não se aposenta..44

PARTE 2 – Liderança e gestão de pessoas..45

Liderar é inspirar a equipe a crescer e agir por conta própria 46
Aumente a produtividade da equipe promovendo almoços coletivos........................ 47
Brainstorming on-line traz ideias mais criativas do que reuniões tradicionais..............48
Demitir para contratar pessoas com salários mais baixos prejudica negócio..............49
Deixe seus funcionários tirarem uma soneca depois do almoço 50
Incentivo social tem mais impacto na produtividade do que alta no salário...............51
Conheça os benefícios de fazer reuniões caminhando ao ar livre 52
Escolha bem os primeiros funcionários de sua empresa 53
O poder do sorriso para engajar equipes e resolver problemas 54
Como estimular corretamente a criatividade dos funcionários...................................55
Premiação a executivos não é boa para empresas 56
Pessoas são ativo mais importante de um negócio.. 57
Planejar em equipes de três pessoas traz mais resultados...59
Dicas para fazer reuniões produtivas na sua empresa..60
Conheça ações que ajudam a atrair e reter talentos para a sua empresa...................61
Equipes menores são mais rápidas 62

PARTE 3 – Empreendedorismo jovem..63

A influência dos pais no perfil empreendedor 64
A influência das filhas na responsabilidade social dos pais donos de empresas...............65
Para jovens, trabalho árduo rende, mas sucesso não é medido com dinheiro...............66
O que leva os jovens a empreender.. 67
Jovens ganham mais trabalhando em empresas também jovens 68
Modelos de referência inspiram novos empreendedores 69
Como lidar com a nova geração de executivos empreendedores 71

PARTE 4 – Empreendedorismo feminino..73

Mães empreendedoras geram filhas empreendedoras 74
Mulheres que trabalham com outras mulheres tendem a arriscar mais.................... 75
Mulheres no comando trazem mais lucratividade aos negócios 76
Empresas iniciantes com mulheres na diretoria têm mais chance de sobreviver............77

PARTE 5 – Dinheiro, investidores, fluxo de caixa, remuneração e *valuation* 79
A forma como negociamos com dinheiro revela sobre perfil empreendedor 80
A busca por investidores pode matar a *startup* 82
Como negociar salário em uma *startup* 84
Nem sempre um aumento de salário eleva a *performance* do funcionário 86
Muitos incentivos financeiros não levam a mais inovação nas empresas 87
Quem é o investidor-anjo? 88
Empreendedor precisa gostar de números 89
Vender a empresa pode ser uma forma de realização do empreendedor 90
Comprando à vista e vendendo a perder de vista 91
Nem toda venda se reflete em dinheiro no caixa 92
Você vai precisar de mais recurso 93
Saiba estimar o valor da sua empresa para conseguir investimentos 94
Saiba por que o fluxo de caixa é o rei do seu negócio 95
Avalie o que é vantagem para sua empresa: possuir ou controlar recursos? 96
Responda a estas questões antes de gastar seu dinheiro para abrir um negócio 97
Treine seu discurso antes de negociar com investidores 98
Para sua empresa atrair investimentos, ofereça contrapartidas 99
Saiba onde conseguir recursos para criar o negócio próprio 100
Investimento inicial no negócio é apenas o começo 101
Todo empreendedor começa com menos dinheiro do que gostaria 102
Não se desespere caso você não tenha dinheiro para montar o seu negócio 103

PARTE 6 – Marketing e vendas 105
O poder da curiosidade pode te ajudar a vender mais 106
Desenhos de rostos de pessoas nos produtos ajudam a vender mais 107
Interromper discurso de venda por alguns segundos ajuda na persuasão 108
Produtos com preços redondos atraem mais interessados 109
Por que vale a pena um bate-papo informal antes de uma grande negociação 110
Convença pessoas a responder pesquisas de mercado com um truque simples 111
Brinde genérico a cliente fiel pode ser tiro no pé do negócio 112
Clientes valorizam mais os brindes gratuitos do que aqueles com desconto 113
Consumidor evita dar presentes iguais a pessoas diferentes 115
Imagem em preto e branco de produto chama a atenção para o que é essencial 116
Como a direção do olhar do consumidor na prateleira influencia suas compras 117
Estimular clientes a compartilhar experiências ajuda a aumentar as vendas 118
Saiba precificar seus produtos para cada tipo de cliente 119
Vendedores deveriam evitar pedir avaliação aos consumidores 120
Monte seu comércio ao lado de um grande competidor 121
O tipo de música ambiente pode ser favorável às vendas 122

A nostalgia pode ser um instrumento poderoso de marketing 123
Produtos sustentáveis nem sempre são bem-vistos por consumidores 124
A magia dos preços que terminam com 99 125
Clientes podem pagar mais quando estão em ambientes mais quentes 126
Não ofereça muitas opções visuais aos consumidores 127
Por que você deveria oferecer sempre duas opções de compra aos clientes 129
Um detalhe que faz as pessoas pagarem mais gorjetas em restaurantes 130
Diga não à obsessão como marketing viral na internet 131
Comunicação das empresas em mídias sociais precisa ter conteúdo relevante 132
Quem vende pela internet deve sempre mostrar o preço cheio dos produtos 133
Empresas usam pressão social das redes para atrair clientes 134
Uma boa história ajuda a aumentar o preço de um produto 135
As empresas deveriam punir maus clientes? 137

PARTE 7 – Ideias, inovação, oportunidades e planejamento 139
Como a Internet das Coisas cria oportunidades aos empreendedores 140
Conheça seu poder de persuasão para emplacar a ideia de negócio 142
Por que empreender em tempos de crise pode ser um bom negócio 144
É possível iniciar um negócio de sucesso sem planejamento 145
Empresas que querem inovar não podem temer perder tempo com ideias ruins 146
Conhecimento e pesquisa são cruciais para gerar inovação 147
Como ser dono de um negócio milionário que não tem empregados 148
Será que o *fast-food* está com os dias contados? 149
Descubra se sua ideia é uma oportunidade 150
Pesquise o mercado para saber se sua ideia de negócio tem potencial 152
Sua ideia vale um negócio? 153
Um método simples e poderoso para avaliar ideias de negócio 155
Modelo de negócios Canvas ou plano de negócios? 157
Como criar um plano de negócios sem mistérios: parte 1 159
Como criar um plano de negócios sem mistérios: parte 2 160
Quando dizer não ao cliente: saiba identificar quem é seu público-alvo 162

PARTE 8 – Motivação 163
Quer ficar mais motivado? Experimente quase ganhar algo 164
Empreender é para todos e também para você, mas é preciso preparo 165
Comportamento empreendedor nas organizações é ingrediente para inovar 166
Primeiro crie a empresa e só depois largue o emprego 167
Pense duas vezes antes de sair de férias 168
Descubra sua motivação para criar o negócio próprio 169
Os desafios do empreendedor nunca acabam 170

PARTE 9 – Estratégia, gestão, parcerias e sociedade 173
Não comece um negócio sem antes responder a algumas perguntas 174
Aprenda como simular o dia a dia da empresa antes de abri-la 176
Negocie com os fornecedores e diminua seus custos 177
Crescer rápido nem sempre é a melhor estratégia 178
Empreender na empresa estabelecida 179
Questões primordiais da nova empresa 180
Nova fase, nova empresa 181
Busque aumentar receita em vez de cortar custos no início do negócio 182
Aprenda a gerenciar o crescimento rápido da sua empresa 183
Na abertura da empresa, é melhor ter foco do que diversificar 184
Crie metas e marcos para a sua empresa e comemore quando alcançá-los ... 185
O lado obscuro da definição de metas 186
Saiba a hora de deixar o comando da empresa para se dedicar a novos negócios 187
Ter sócio pode valer a pena 188
Por que negócios em família nem sempre funcionam 189
Para atrair parcerias talentosas ao negócio e crescer, divida a pizza 190
Quando o final de semana é a única saída para empreender 191

PARTE 10 – Desenvolvimento econômico, responsabilidade social e sustentabilidade 193
Empresa que quer fazer diferença precisa pensar em sustentabilidade 194
Empresas com responsabilidade social têm produtos mais bem avaliados ... 195
A destruição criativa e o empreendedorismo inovador contemporâneo 196
Por que as empresas de médio porte quebram? 197
Negócios familiares se saem bem em épocas de recessão 198
Empreendedores fazem projeções econômicas mais precisas 199

PARTE 1
Criatividade
Desenvolvimento pessoal
Perfil empreendedor
Risco

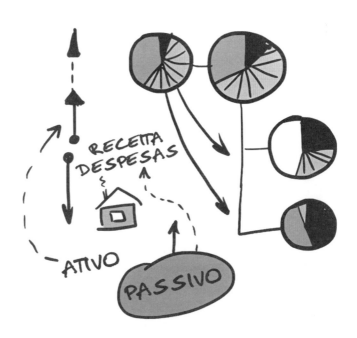

Empreenda sem ser criativo

Você provavelmente já ouviu falar que, para empreender, montar o negócio próprio, é preciso ter uma ideia genial para levar sua empresa ao sucesso. Mas ideias geniais não surgem em qualquer lugar e para todo mundo, pois geralmente são decorrentes da criatividade diferenciada de poucos indivíduos.

Se você não faz parte desse clube seleto dos criativos, o que fazer? O primeiro passo é não se desesperar achando que empreender não é para você.

A criatividade é, sem dúvida, uma grande virtude. Porém, mais importante que ser criativo no mundo dos negócios é ser curioso.

Os empreendedores que colocam suas ideias em prática nem sempre são os que tiveram um grande lampejo criativo, mas geralmente são os que tiveram mais agilidade, iniciativa e se anteciparam aos demais para fazer acontecer.

Eles observam o ambiente ao seu redor, analisam as falhas nos diversos mercados onde são protagonistas como clientes e, a partir daí, começam a vislumbrar soluções (produtos e serviços) que possam atender à sua demanda e de demais pessoas que têm as mesmas necessidades e até então não têm sido bem atendidas.

Qualquer pessoa pode criar um negócio sem ser criativa, mas precisa exercer sua curiosidade para identificar oportunidades onde outros só veem problemas. Veja o exemplo do João e pense como poderia ser aplicado ao que ocorre em seu bairro ou sua cidade:

> *João mora no interior de São Paulo, em uma cidade de 200 mil habitantes e tem o hábito de tomar café da manhã fora de casa aos domingos. Todo final de semana, João vai à padaria mais próxima de sua casa e faz sempre o mesmo pedido: café com leite, misto-quente e suco de laranja.*
>
> *O atendimento na padaria é adequado, os produtos são bons, e João nunca imaginou que precisaria de algo mais para se satisfazer.*
>
> *Mas, após visitar uma casa de café na capital, ele percebeu que muito do que consumiu também poderia ser vendido em sua cidade, com destaque para os pães especiais, café espresso com diferentes blends, e um ambiente mais aconchegante.*
>
> *A ideia de montar algo parecido em sua cidade não lhe saía da cabeça, e durante várias semanas João pesquisou para conhecer mais a respeito de casas de café.*
>
> *Visitou outros estabelecimentos em sua cidade e, o mais importante, conversou com muitas pessoas em todos os estabelecimentos que visitou para saber se o que ele via como um diferencial, uma necessidade na cidade, outras pessoas também viam.*
>
> *Com respostas convincentes às suas dúvidas e com o desejo do público identificado, João tomou a iniciativa e colocou em prática o sonho de ser dono do negócio próprio.*
>
> *Como era sua primeira inserção no mundo dos negócios, preferiu assumir um risco menor e optou por uma franquia conceituada e em crescimento. Em pouco mais de dois anos, os lucros começaram a aparecer.*

Note que o caso do João poderia se aplicar a qualquer pessoa, inclusive a você. Ele não foi o criativo que pensou em uma casa de café diferente, mas teve a iniciativa para colocar em prática o negócio a partir de uma necessidade identificada. É isso o que os empreendedores fazem. Eles antecipam-se aos fatos e transformam ideias em oportunidades.

Para ter sucesso em empreendedorismo, preparo vale mais do que paixão

Quase todo empreendedor experiente, ao ser indagado por candidatos a empreendedor, não hesita em responder que o brilho nos olhos é o que faz a diferença e separa os que conseguem passar para o grupo dos bem-sucedidos dos que sucumbem após criarem suas empresas.

No entanto, paixão em excesso (se é que a paixão pode ser mensurada!) parece ser até um ponto negativo, quando os potenciais empreendedores não se encontram devidamente preparados para o desafio que se apresenta pela frente.

Isso foi constatado em uma série de estudos realizados por Utpal M. Dholakia, Michal Herzenstein e Scott Sonenshein, como relatado em artigo da *Harvard Business Review*.

Em uma pesquisa realizada com centenas de fundadores de empresas, os estudiosos concluíram que a paixão não tem nada a ver com os resultados de longo prazo do negócio.

O que importa, objetivamente, é a preparação, ou seja, se os fundadores sentem-se totalmente certos do que farão, se conhecem profundamente o mercado-alvo, e se criaram planos para superar obstáculos e explorar as contingências.

No estudo, Dholakia, Herzenstein e Sonenshein analisaram vários projetos inscritos no maior concurso de empreendedorismo universitário nos Estados Unidos (realizado na Universidade Rice), em áreas que vão desde biotecnologia e ciências da vida a produtos de consumo e varejo.

No início, os empreendedores citaram a paixão como um fator essencial para o sucesso, mas os pesquisadores identificaram que, após três anos, o que realmente contou para o sucesso dos negócios analisados foi o preparo da equipe empreendedora.

Mas outro estudo com, novamente, centenas de projetos identificou que os empreendedores mais apaixonados pela ideia tiveram três vezes mais chance de conseguir investimento em um *site* de angariação de recursos ou investimento anjo.

O que parece é que a paixão, de fato, ajuda o projeto decolar, mas o preparo é essencial para atingir o voo de cruzeiro e, ainda, conseguir uma autonomia que permite a empresa prosperar por anos.

Naturalmente, não se está sugerindo aos empreendedores de primeira viagem que esqueçam a paixão, tão aclamada pelos que empreendem como símbolo do segredo do sucesso, mas que a ênfase excessiva na paixão pode cegar o empreendedor e deixá-lo sem amparo para crescer.

Cabe ainda ao empreendedor iniciante buscar o equilíbrio, que será único para cada indivíduo, e montar uma equipe com perfis complementares para dar sustentação ao projeto de empresa que pretende criar.

Assim, ele/ela poderá contagiar a todos com sua visão de crescimento, sua paixão pelo que está sendo construído, e estimular, com sua liderança, cada integrante da equipe a obter o máximo de resultados a partir do conhecimento que possuem.

Como manter o foco no início de um negócio

Um dos mantras do empreendedorismo é que o empreendedor deve manter o foco no início de qualquer empresa. Sempre haverá exceções a essa regra, mas é um fato que se aplica à maioria dos casos.

Por outro lado, os empreendedores mais criativos, justamente por ter essa característica, encontram muita dificuldade em manter o foco, já que têm ideias a todo o momento.

E matar a criatividade é tudo que um empreendedor não quer. Pelo contrário, já que pode ser a partir da criatividade que a inovação surja e faça do negócio uma empresa de sucesso.

Esse desafio de manter o foco pode ser aos poucos superado se o empreendedor e sua equipe buscarem organizar o ambiente organizacional, a partir da mesa de trabalho. Parece algo simples e é.

Isso foi constatado pelas pesquisadoras Boyoun Chae, da University of British Columbia, e Rui Zhu, da Cheung Kong Graduate School of Business, na China.

Em um experimento no qual pessoas ficaram sentadas a uma mesa de trabalho bagunçada, elas se mostraram 10% mais frustradas e até mais cansadas ao responder questões numa tarefa de combinar palavras e cores.

Esse percentual foi obtido ao se comparar com aquelas pessoas submetidas ao mesmo experimento, porém em uma mesa de trabalho organizada.

Os resultados só comprovam o que intuitivamente todos sabemos, mas que nem sempre levamos à risca. O fato de o ambiente ser bagunçado leva a uma sensação de menor controle, mais liberdade e, com isso, facilita a distração.

O contrário leva a uma maior concentração. Empreendedores mais experientes conseguem ter um alto senso de controle, principalmente quando estão sob pressão ou precisam desenvolver uma atividade crítica.

Os novos empreendedores aprendem com o tempo a adquirir tal habilidade, porém poderiam se inspirar nos resultados do estudo para tentar otimizar seu tempo e ainda realizar as atividades com foco total.

Além de o foco ser importante para a realização do que é prioridade, pode ser aplicado no contexto da própria empresa em fase inicial, evitando tentar fazer diversas atividades ou atuar em diferentes mercados com um portfólio extenso de produtos.

No início de qualquer negócio, os recursos (humanos, financeiros etc.) são escassos e, por isso, focar pode ser a chave para vencer os primeiros anos, considerados os mais críticos de qualquer empresa.

Por outro lado, dificilmente será a mesa bagunçada que estimulará a criatividade e trará inovação à sua empresa. É mais provável que a desorganização traga mais problemas que soluções ao negócio.

O perfil do empreendedor pode quebrar a empresa

Alguns traços da personalidade que leva muitas pessoas a criarem seus próprios negócios, tornando-se empreendedores, podem levar a comportamentos negativos no ambiente de trabalho e, por consequência, contribuir para a quebra da empresa.

Essa é a conclusão de um estudo liderado por Adrian Furnham, do University College London, com mais de 2 mil gestores.

Entre os traços que são os mais relacionados ao perfil empreendedor desses gestores estão autoestima, perfeccionismo e busca de atenção. E, sob pressão, esses traços podem resultar em problemas de relacionamento.

Entre os problemas colaterais de excesso no comportamento do empreendedor foram detectados tendência para o microgerenciamento, demora no processo de decisão, distração, entre outros.

Por mais contraditórios que possam parecer, os resultados desta pesquisa evidenciam que não existe um padrão único de empreendedor.

As pessoas que tendem a ser exageradamente controladoras e possuem um senso incomum de autossuficiência, acreditam em seu potencial e sabem que "dão conta do recado" tendem a subestimar a capacidade de realização de seus pares.

Esse não é um comportamento deliberado. Na verdade, é uma defesa criada intuitivamente pelo empreendedor e que, ao final, pode trazer mais prejuízo que resultado positivo, levando a situações limítrofes de quebra da empresa, como concluíram os pesquisadores.

Empreendedores mais experientes conhecem muito bem seu comportamento no trabalho em equipe e na liderança de pessoas, e com isso aprendem como agir para evitar transformar o ambiente de trabalho em um caos.

Esse caos, muito comum em negócios em fase inicial, faz com que os menos experientes tentem assumir o leme sem pensar nas consequências. Por isso que empreendedores de negócios em fase inicial enfrentam o que chamo de desafio do caos controlado.

Infelizmente, não há uma receita de bolo pronta e que possa ser aplicada em todas as situações. Porém, o desafio de qualquer empreendedor é saber se relacionar com as pessoas e liderar sua equipe.

Por liderar a equipe na fase inicial de um negócio, entenda-se inspirar os que estão no mesmo barco a compartilhar de sua visão. É fazer a equipe seguir seus passos e querer fazer parte de algo maior, buscando resultados duradouros.

Caso você se veja de maneira similar aos gestores que participaram da pesquisa, cabe levar em consideração que para empreender com sucesso não basta arregaçar as mangas e atropelar as pessoas à sua volta. Pelo contrário, você precisa conquistá-las para que o sucesso seja uma realidade.

Entenda como funciona o cérebro do empreendedor

Uma nova pesquisa realizada recentemente mostra como o cérebro do empreendedor funciona. Quando são confrontados com um problema, os empreendedores – principalmente os fundadores de empresas – são mais rápidos na reação para solucioná-lo.

Além de mais rápidos, eles também são menos inibidos que aqueles considerados não empreendedores ao tentar resolver o problema. Em estágios mais avançados do processo de tomar decisões, isso se intensifica ainda mais.

Com o passar do tempo, os empreendedores tendem a pensar no problema de maneira ainda mais frequente. Essa forma de agir, que pode ser adquirida com o tempo e também pode ser inata, casa bem com a atitude empreendedora.

Os empreendedores são mais hábeis para avaliar oportunidades de maneira rápida, priorizando quase sempre a intuição, mas, claro submetendo-se a riscos maiores, quando preterem análises mais rebuscadas.

Por outro lado, eles também têm um autocontrole mais bem desenvolvido e conseguem encarar ambientes incertos até que tudo fique mais claro. As conclusões são dos pesquisadores Peter T. Bryant e Elena Ortiz Terán.

Não parece haver nada de novo na conclusão em si, pois é o que se apregoa sobre o perfil empreendedor. Porém, não havia pesquisas que ratificassem com clareza tais diferenças de comportamento.

É importante notar que muito do comportamento empreendedor é adquirido ao longo do tempo, por meio da experiência e da vivência prática. Por isso, para aqueles que pretendem empreender, a pesquisa mostra que é possível chegar lá.

Naturalmente, aqueles que já têm a intuição empreendedora e a iniciativa mais aguçadas sem a necessidade de determinado estímulo extra, já conhecem o resultado dessa pesquisa na prática e no seu dia a dia.

O problema de estar sempre a postos para resolver problemas, ter proatividade e não se contentar com pouco faz do empreendedor uma pessoa com alto nível de estresse, o que pode prejudicar sua saúde física e mental.

O lema da escola de negócios norte-americana Babson College é "sempre pensando" quando se refere ao empreendedor. De fato, é o que ocorre para os que fazem a diferença.

Porém, o desafio atual dos empreendedores modernos é equilibrar essa atitude invejável com mais qualidade de vida.

Saiba o momento certo de buscar um objetivo

Muitas pessoas estão acostumadas a pensar em grandes objetivos, principalmente quando o ano está terminando. Assim, tentam se preparar para os desafios e, claro, a busca da felicidade no ano seguinte. Existe um motivo para isso ocorrer.

Os pesquisadores Hengchen Dai, Katherine L. Milkman e Jason Riis, da Wharton School, encontraram evidências, em uma série de estudos realizados, de que objetivos criados para terem sua realização iniciada em datas-chave criam períodos de maior comprometimento mental.

Isso ajuda a distanciar o presente de momentos de imperfeições (ou não realizações) do passado. Por exemplo, nos estudos realizados, as pessoas mostram-se mais dispostas a fazer exercícios físicos não apenas no início de um novo ano.

Datas comemorativas importantes, como o aniversário, ou que indicam o início de algo, como o início da semana, do mês, do semestre, também causam um maior engajamento em atividades e mais comprometimento.

Não é à toa que inconscientemente muitas pessoas aguardam esses marcos importantes para iniciarem algo relevante para sua vida. O problema é que muitas desistem quando entram na rotina, quando não conseguem atingir o objetivo ou quando sentem que ele está muito distante.

No mundo corporativo, os objetivos são transformados em metas e marcos que são divididos ou compartilhados com os vários setores e em períodos mais curtos. Se os resultados não aparecem, sempre vai haver cobranças.

Na vida pessoal, o primeiro interessado nos objetivos é você mesmo. Mas, hoje em dia, todo mundo parece querer resultados rápidos para tudo. Isso é impraticável. Receitas milagrosas surgem todos os dias para resolver de tudo.

Inconscientemente, sabemos que não existe mágica para grandes conquistas. Há que se preparar, que buscar conhecimento, dedicar-se, ralar muito para, então, chegar ao tal objetivo.

Mas o problema maior em definir e buscar objetivos é a confusão que se faz com o momento exato de sua realização.

Muitos vinculam a realização dos objetivos apenas e somente quando são concretizados à risca e no prazo estipulado. Por isso, muita gente desiste da busca, principalmente quando os objetivos são difíceis ou demasiadamente ousados.

O segredo que os mais experientes nesse tipo de empreitada compartilham é curtir o processo, a jornada, buscar momentos de prazer durante a caminhada e não apenas no momento da concretização.

Os objetivos podem ter momentos-chave para serem buscados ou iniciados, mas se você não relaxar e não entender que não basta comemorar apenas o momento da grande vitória, a felicidade vai ficando cada vez mais difícil de ser encontrada.

Empreendedor precisa ter paciência sem perder agilidade

Quando se discute o comportamento do empreendedor, há verdades que são confundidas com mitos e que precisam ser mais bem entendidas para o benefício dos candidatos a empreendedor. Conheça algumas delas:

Sorte

Para o empreendedor, a sorte é o encontro da oportunidade com sua capacidade de realização. O empreendedor não pensa na sorte, não conta com a sorte, mas a sorte pode aparecer, e quando isso acontece ele deve estar preparado para o evento.

Por isso, quando muitos dizem que os empreendedores têm sorte, não estão errados, mas também estão sendo simplistas ao analisar os dados, uma vez que a sorte do empreendedor nada mais é que estar no lugar certo, na hora certa e com a competência certa.

Fracassar

"É muito melhor arriscar coisas grandiosas, alcançar triunfos e glórias, mesmo expondo-se a derrota, do que formar fila com os pobres de espírito que nem gozam muito nem sofrem muito, porque vivem nessa penumbra cinzenta que não conhece vitória nem derrota".

A frase de Theodore Roosevelt, ex-presidente dos Estados Unidos, exprime um pensamento muito comum dos empreendedores. Eles arriscam, erram, fracassam, mas tentam. Não se arrependem de tentar e sabem que muitos que não tentam passam anos se lamentando por não terem dado o primeiro passo, por titubearem.

Paciência *versus* agilidade

Um grande desafio do empreendedor é controlar a ansiedade, dar o ritmo correto ao desenvolvimento do negócio. Se a execução ocorrer com pouca velocidade, ele pode perder a oportunidade de crescer.

E se for com muita sede ao pote, ele pode tropeçar nas próprias pernas, ainda sem condições de correr na velocidade almejada. Esse equilíbrio se aprende com o tempo e com a experiência, mas se trata de um dilema que fará parte do dia a dia do empreendedor.

Experiência

A experiência traz ao empreendedor o conhecimento necessário para ser replicado e repassado a toda a equipe. Empreendedores jovens são rápidos, inovadores, ousados, mas carecem de experiência. Por isso, muitas vezes erram em áreas e decisões que os mais experientes conseguiriam contornar com maestria.

Em tese, ao montar um time, o líder pode conseguir resultados muito positivos ao trazer para a mesma equipe pessoas jovens e pessoas mais experientes. Essa colisão de pensamentos, comportamentos, visões a respeito do negócio e da vida pode ser de extrema valia ao negócio.

Acredite: há quem fique infeliz quando ganha mais

Em tempos de crise, praticamente todo mundo fica preocupado com a diminuição dos ganhos reais, sejam salário, pró-labore, renda etc. Isso ocorre com assalariados e patrões, inclusive os empreendedores apaixonados por inovar e sempre aptos a assumir riscos.

A queda da renda afeta diretamente o ânimo dos mercados e das pessoas, pois o horizonte geralmente nebuloso acaba por mostrar um túnel quase sem luz na saída.

Porém, quando o cenário muda, a maioria das pessoas passa a enxergar a vida de maneira diferente, com muito mais entusiasmo. Mas há exceções inclusive nesses casos, ou seja, pessoas que ficam infelizes quando ganham mais.

Isso ocorre com aqueles que são altamente sensíveis às perdas, ameaças e expectativas não atendidas. Com isso, as emoções negativas tendem a estar muito presentes quando essas pessoas são pobres ou com renda muito abaixo do que gostariam.

Mas, de maneira intrigante, quando essas mesmas pessoas enriquecem ou ganham mais, elas tendem a ficar mais insatisfeitas com suas vidas ao se comparar com a média.

Esse achado foi obtido em um estudo realizado com dados britânicos e alemães pelo pesquisador Eugenio Proto, da Universidade de Warwick, no Reino Unido, e Aldo Rustichini, da Universidade de Minnesota, nos Estados Unidos.

O estudo mostrou ainda que esses indivíduos são muito sensíveis a quaisquer diferenças encontradas entre as suas aspirações (o que gostariam de ter ou conquistar) e suas reais situações financeiras, concluindo que o resultado é sempre negativo.

Estes traços de personalidade são definidos coletivamente como neuroticismo pelos psicólogos e podem não ser tão raros assim.

O fato é que aqueles que empreendem, na maioria das vezes, buscam, entre outros objetivos, o sucesso financeiro. E muitos dos que conquistam esse sucesso financeiro nem sempre estão felizes com o que conquistaram, ou melhor, com a vida que levam.

Por isso, cabe ressaltar que a busca do equilíbrio deve ser o mote dos empreendedores contemporâneos, já que o ganho pelo ganho não necessariamente traz felicidade.

E a definição de equilíbrio ou a dosagem desse equilíbrio é particular para cada um de nós. Não deve faltar tempo para família, lazer, atividade física, *hobby,* socialização com amigos e pessoas próximas etc. Enfim, viver a vida de maneira plena. Como fazer isso?

Talvez a resposta esteja na simplicidade, busca do que realmente lhe traz tranquilidade e satisfação, e, aos poucos, distanciar-se do que não lhe traz algo de positivo ou drena sua energia.

Não é fácil descobrir a solução exata para essa equação, mas o simples fato de buscá-la pode lhe distanciar do eventual grupo de pessoas que se sentem tristes ao enriquecerem.

Meditação ajuda a tomar decisões de negócios

Respire antes de tomar decisões importantes. Esse é um ditado antigo e que tem tudo a ver com o mundo dos negócios. E, de fato, ajuda. É o que constataram pesquisadores do Insead, na França.

Em um estudo envolvendo diversos participantes, esses foram solicitados a gastar 15 minutos meditando antes de tomar uma decisão referente a determinado investimento. Em 77% dos casos os resultados foram positivos.

Para medir o resultado, foi criado um cenário fictício onde os participantes deviam decidir se compravam uma máquina de alto desempenho no valor de US$ 10 mil logo após terem gastado US$ 200 mil em um equipamento menos eficiente (e que não podia ser vendido).

Como o foco era a redução de custos, a maioria ficou reticente em gastar os "poucos" milhares a mais, mesmo sabendo que o grande montante já havia sido gasto antes.

Parece uma decisão simples, mas em se tratando do mundo dos negócios, situações limítrofes de custo podem interferir dramaticamente no resultado de uma empresa. E muitas vezes, tais decisões são tomadas impulsivamente.

No caso dos empreendedores, é comum agir muito com base no *feeling* e na sensação de que algo indica que o caminho está correto. Em alguns casos dá certo, mas em muitos mostra-se um desastre total.

A meditação ou o descanso da mente, por alguns minutos, tentando controlar a respiração e criando um cenário de calmaria pode ajudar e, de fato, se mostra efetivo.

Segundo Andrew C. Hafenbrack, que liderou o estudo no Insead, o impacto da meditação na decisão de diminuir os custos interfere no humor das pessoas e diminui o foco no futuro e no passado, priorizando a situação do momento.

Fica a dica. Vai tomar uma decisão importante? Respire fundo, concentre-se, medite. E então use do conhecimento e obviamente das informações que têm em mãos antes de dizer "sim" ou "não" a um dilema relevante.

Reservar um tempo para refletir aumenta a produtividade

Um dos mais conhecidos problemas da falta de competitividade da indústria brasileira é sua pouca produtividade. As alegações citadas pelos pesquisadores do tema vão da pouca educação formal do nosso trabalhador à falta de investimento em pesquisa e desenvolvimento pelas empresas, pouco foco na inovação, entre outros.

Um estudo sobre o assunto, desenvolvido por Francesca Gino, da Harvard Business School, e Bradley Staats, da Universidade da Carolina do Norte, mostrou que a produtividade das pessoas pode aumentar (mais de 20%) se elas dedicarem os seus últimos 15 minutos diários para refletir e escrever sobre o que aprenderam durante o dia.

A experiência foi feita em um *call-center* de suporte técnico de uma empresa de terceirização de processos de negócios com sede em Bangalore, na Índia.

Segundo os pesquisadores, a reflexão tem efeitos benéficos no desempenho porque nos torna mais conscientes de onde estamos, nos dá informações sobre o nosso progresso, e nos dá a confiança que precisamos para realizar tarefas e metas.

Mas essa aparentemente simples tarefa (refletir) é, na verdade, algo difícil de executar. Isso porque temos a tendência de nos mantermos ocupados, já que isso gera a sensação de que estamos fazendo algo útil. Refletir, por outro lado, pode ter a conotação de não estar fazendo nada.

Os pesquisadores ainda alegam que as pessoas têm uma aversão ao ócio e isso é verdade para a maioria de nós. Eles sugerem que muitas das coisas que nós escolhemos fazer são apenas justificativas para nos manter ocupados.

Um exemplo citado e extremamente esclarecedor é o caso dos goleiros quando estão prestes a tentar defender um pênalti. A estratégia estatisticamente comprovada em outro estudo e que leva a mais chances de defender o pênalti é quando o goleiro não se mexe.

Porém, os goleiros, em sua maioria, não seguem essa regra, pois preferem acreditar no seu instinto e, ainda, querem ter a sensação de que estão agindo para realizar uma ação e não ficar parado esperando pela sorte da bola ir em sua direção.

Em resumo, as pessoas se sentem mais produtivas quando estão executando tarefas em vez de quando elas estão planejando essas tarefas. Especialmente quando estão sob pressão do tempo, as pessoas percebem que o planejamento é um desperdício de tempo, mesmo quando o planejamento realmente leva a um melhor desempenho. É contraditório, mas é um fato.

Então, fica a dica: por meio da reflexão podemos entender melhor nossas ações e nos prepararmos para aumentar a produtividade, bem como executar o que planejamos com mais assertividade.

Empreender não é sinônimo de criar empresa

Empreender não se resume à criação do negócio próprio, mas a maneira mais conhecida de se tornar um empreendedor é criando uma empresa.

Por outro lado, com a disseminação do conceito de empreendedorismo na sociedade, o comportamento empreendedor passou a ser observado com mais atenção em ambientes onde antes não se pensava haver empreendedores.

Um ator, ao encenar uma peça, pode agir como empreendedor. Na verdade, ele pode agir como empreendedor desde a concepção da peça, no seu planejamento, na sua preparação para o papel, na execução (atuação) e na entrega do produto ao cliente final (proporcionar felicidade, alegria, satisfação, relaxamento, prazer etc.).

Um funcionário público pode ser um empreendedor ao propor maneiras de otimizar os recursos disponíveis para que o serviço prestado à população seja de excelência, com o menor investimento possível e trabalhar para que sua proposta seja implementada.

Uma artista plástica, ao buscar realizar seu sonho de criar e compartilhar o que criou com outras pessoas, empreende e ainda pode fazer dinheiro com sua atividade vendendo suas criações a um público-alvo seleto disposto a pagar pela obra.

Pessoas insatisfeitas ou inconformadas com os problemas de sua comunidade, como a precária educação formal das crianças em um bairro da periferia de uma grande cidade, podem se unir, estabelecer planos de ação, divulgar suas ideias à comunidade, angariar apoio e recursos e colocar em prática ações paralelas àquelas desenvolvidas pelo poder público.

Nasce assim uma organização não governamental, empreendida por pessoas que querem mudar, não aceitam que os problemas não sejam resolvidos, ou seja, querem empreender algo novo e diferente.

Funcionários de grandes e médias empresas são cada vez mais solicitados a contribuir com ideias para fazer a empresa crescer. Alguns vão além, colocam as ideias em prática, trazendo resultados às suas empregadoras. Eles são os empreendedores corporativos, responsáveis por inovar em empresas estabelecidas.

O crescimento do mercado de franquias no Brasil tem motivado muitos brasileiros a aderir ao movimento, tornando-se um franqueado, ou seja, alguém que monta um negócio a partir de um modelo de negócio já comprovado e aceitando pagar uma parcela dos resultados ao franqueador.

Com isso, o franqueado assume um risco calculado e está disposto a dividir os resultados do negócio com um parceiro, ou quase sócio, da empreitada. Como se vê, há diferentes maneiras de empreender e os exemplos apresentados não esgotam as possibilidades.

Qual maneira é a mais ou menos adequada para determinada pessoa não vem ao caso, pois essa análise não é simples ou pode ser considerada praticamente impossível de ser feita com precisão. Porém, o que é mais provável de se identificar é a motivação que leva uma pessoa a empreender.

Que tipo de empreendedor você é?

Há vários tipos de empreendedores, mas qual deles é o que mais se adequa a você? Para facilitar sua autoanálise, a seguir são apresentados os mais comuns, mas como o tema empreendedorismo está em franca expansão e disseminação, é provável que com o passar dos anos novas denominações surjam.

Empreendedor informal

Há vários exemplos que se enquadram nesta categoria, tais como pessoas que vendem mercadorias nas esquinas das ruas, em barracas improvisadas, nos semáforos etc.; vendedores ambulantes; autônomos que prestam serviços diversos.

Empreendedor cooperado

Artesãos que se unem em uma cooperativa; catadores de lixo reciclável que criam uma associação para poder ganhar escala e negociar a venda do que produzem/reciclam com empresas.

Aqui também está o indivíduo que empreende seu pequeno negócio/propriedade rural e que se associa a demais empreendedores do mesmo ramo para em conjunto suprir a demanda de um laticínio.

Empreendedor individual

É o antigo empreendedor informal que agora legalizado começa a ter uma empresa de fato, contrata funcionário, pode crescer e quem sabe deixará de ser um empreendedor individual para ser dono de um negócio maior.

Franquia

O franqueado é aquele que inicia uma empresa a partir de uma marca já desenvolvida por um franqueador; sua atuação é local/regional e alguns dos setores que mais se destacam são alimentação, vestuário e educação/treinamento.

O franqueador é um empreendedor visionário que vê no modelo de negócio de franquias uma maneira de ganhar escala e tornar sua marca conhecida rapidamente.

Empreendedor social

Pessoas que querem ajudar o próximo e criam ou se envolvem com uma organização sem fins lucrativos para cumprir determinado objetivo social: educação a quem não tem acesso, melhoria na qualidade de vida das pessoas, desenvolvimento de projetos sustentáveis, arte, cultura etc.

O típico empreendedor social não aufere lucro com a iniciativa, mas pode ser remunerado como um funcionário ou associado.

Há alguns anos surgiu um modelo intermediário, conhecido como setor dois e meio, no qual o empreendedor social busca cumprir seu objetivo de mudar e melhorar a sociedade onde vive e ainda consegue auferir lucro com a iniciativa.

Empreendedor corporativo

São funcionários conscientes de seu papel na organização onde trabalham e que trazem ideias e executam projetos que visem ao crescimento da empresa no longo prazo; pessoas que inovam na empresa estabelecida, em todos os níveis hierárquicos.

Empreendedor público

São pessoas comprometidas com o coletivo, que não se deixam cair na monotonia por ter estabilidade no emprego; pelo contrário, querem melhorar os serviços à população e propõem maneiras de utilizar os recursos públicos com mais eficiência.

Possuem o rótulo totalmente oposto ao empreendedorismo que comumente é atribuído aos funcionários públicos.

Na verdade, há muitos empreendedores públicos que fazem a diferença e trabalham por um país mais justo e igualitário; não se pode confundir esse empreendedor com os políticos que utilizam o conceito do empreendedorismo para a autopromoção.

Empreendedor do conhecimento

Há inúmeros exemplos que se enquadram nesta categoria, tais como um atleta que se prepara com dedicação, planeja a melhor estratégia para otimizar seu desempenho e executa com perfeição o que planejou, realizando seu sonho em uma olimpíada.

Só para citar alguns, o advogado, o dentista, o médico, enfim, o profissional liberal que quer fazer a diferença.

Também podemos destacar o maestro que rege a orquestra com perfeição e entusiasma a audiência com o resultado obtido, o escritor que estimula as pessoas a sonhar e viver o papel do protagonista da estória.

Negócio próprio

O típico dono do negócio próprio é o indivíduo que busca autonomia, quer ser patrão e cria uma empresa estilo de vida, sem maiores pretensões de crescimento, para manter um padrão de vida aceitável, que lhe atribua o *status* de pertencente à classe média.

O problema é que o negócio estilo de vida é de alto risco, já que há muitos concorrentes fazendo o mesmo que você e tentando conquistar os mesmos clientes. O empreendedor do negócio próprio que pensa grande também arrisca, mas pode construir algo duradouro e que eventualmente muda o mundo, ou pelo menos a sua região, cidade ou comunidade.

O dono do negócio próprio que cria uma empresa pensando em crescer pode, inclusive, ser um franqueador, permitindo que outros empreendedores utilizem sua marca e modelo de negócio em outras localidades e, com isso, todos ganham.

O empreendedor do negócio próprio é o tipo mais comum; por isso, durante muitos anos rotulou-se designar o empresário, dono de uma empresa, como sinônimo de empreendedor e vice-versa. Porém, as várias definições apresentadas anteriormente mostram que empreender vai além da criação e gestão de um negócio próprio.

Dica ao empreendedor sedentário: quem pratica atividade física ganha mais

Para a maioria das pessoas, é difícil deixar a vida sedentária para trás, buscar uma alimentação saudável e praticar esportes. Se faltava algo mais para dar o primeiro passo, talvez o resultado de uma pesquisa inusitada possa contribuir para que você abrace a ideia.

Um estudo com milhares de pessoas nos Estados Unidos mostrou que pessoas engajadas em atividades físicas mais vigorosas (corrida e/ou outros esportes aeróbicos), pelo menos três vezes por semana, têm uma remuneração superior à média da população.

Segundo Vasilios D. Kosteas, da Cleveland State University, os homens que praticam essas atividades físicas ganham cerca de 7% mais que a média. No caso das mulheres, esse percentual pode ser ainda maior.

De acordo com Kosteas, os exercícios físicos estão relacionados à melhoria do bem-estar psicológico e da função mental, trazendo maiores níveis de energia, o que pode resultar no aumento da produtividade.

De fato, Kosteas tem razão quanto a você se sentir com mais energia quando pratica atividades físicas, mas uma pesquisa similar seria interessante aqui no Brasil.

Isso porque estamos seguindo outra tendência que ocorre com os norte-americanos, tendo um aumento significativo da população com sobrepeso por aqui.

Especificamente quando tratamos dos empreendedores que criam negócios próprios, até há pouco tempo, não era tão comum perceber naqueles que estavam em fase inicial de uma *startup* a preocupação com o equilíbrio entre trabalho e bem-estar pessoal (físico e mental).

Não é difícil encontrar vários exemplos de empreendedores bem-sucedidos financeiramente, mas com a saúde aquém da média para sua faixa etária, devido aos hábitos pouco saudáveis.

A questão que fica é se vale a pena abrir mão de tudo e focar apenas no trabalho, criando a sensação que no futuro você pode correr atrás daquilo que está deixando para trás agora. Muitos faziam isso, pois sempre tinham o dinheiro como única métrica.

Ao observar o resultado dessa pesquisa, talvez os empreendedores sedentários devessem repensar tal estratégia de foco total e irrestrito ao trabalho árduo em detrimento da saúde, já que a própria pesquisa mostra que os mais saudáveis ganham mais.

Felizmente, isso parece estar mudando com a nova geração de jovens empreendedores, que não buscam apenas o foco no trabalho como forma de atingir suas realizações pessoais e profissionais. Eles se preocupam mais com o todo e sabem que praticar esportes ajuda nesse equilíbrio.

Seja mais criativo não pensando no problema que quer resolver

Quem nunca se encontrou numa situação de resolução de problema e ficou matutando incansavelmente para chegar a uma solução criativa em tempo hábil? Isso é comum quando temos um prazo para concluir determinada tarefa. Mas focar o problema não é a solução.

Isso é o que recomenda uma equipe de pesquisadores liderada por Haiyang Yang, da escola de negócios Insead, de Singapura. Para chegar a tal conclusão, eles realizaram vários experimentos com grupos de pessoas, comparando o pensamento consciente com o inconsciente.

Para exemplificar, em um experimento, entre as pessoas designadas para projetar um brinquedo para crianças, aqueles que estavam distraídos por 3 minutos para realizar uma tarefa chegaram a resultados mais inovadores.

Isso ocorreu ao se comparar com aqueles que passaram os 3 minutos planejando seus projetos. Esse e outros resultados sugerem que o pensamento inconsciente pode ser mais eficaz do que o pensamento consciente na geração de ideias inovadoras.

Porém, se o tempo destinado para a realização da tarefa for estendido para 5 minutos, os pensadores conscientes (que planejam antecipadamente) passam a ser mais inovadores, ou seja, parece haver um limite para a eficácia do pensamento inconsciente.

É interessante notar que para uma duração muito curta, como 1 minuto, não há tanta vantagem assim para os pensadores inconscientes. Há vários estudos que estão tentando entender quando e como usar um ou outro tipo de pensamento para estimular a criatividade.

Os pesquisadores deste estudo alertam, no entanto, que os 3 minutos não são um tempo mágico. Eles acreditam que, dependendo do desafio ou da tarefa a ser executada, esse tempo possa ser maior. Mas há um tempo ótimo, no qual se consegue o máximo de ideias inovadoras.

Eles dizem que o comportamento inconsciente segue uma curva em U invertido, mas precisam de mais detalhes e outros experimentos para determinar quanto tempo se deve sugerir às pessoas em uma empresa para resolver determinado problema de maneira criativa com mais eficácia.

O fato é que, em outros estudos, os 3 minutos aparecem como um marco importante para o pensamento criativo.

Em resumo, faça o teste você mesmo. Crie uma dinâmica com sua equipe e atribua um tempo máximo para que todos sugiram soluções a determinado problema. Mas, antes, divida a equipe em duas. Uma delas ficará com os 3 minutos como limite e, a outra, com 5 minutos.

Se o resultado do estudo se mostrar, de fato, uma tendência, a equipe com 3 minutos chegará a mais ideias inovadoras.

Esse dado pode ser útil daqui em diante, quando equipes de desenvolvimento de novos produtos, ou de criação de campanhas de marketing, por exemplo, precisarem se reunir para sugerir inovações à empresa.

Aumente sua criatividade ao tocar objetos usados por pessoas criativas

Desenvolver a criatividade ou permitir que ela, de fato, faça parte do seu dia a dia é um desejo compartilhado por muitas pessoas. O problema é que muita gente que não se sente criativa não consegue colocar em prática as dicas e os rituais dos manuais de criatividade.

Para muitos de nós, seguir rituais, procedimentos ou mesmo dinâmicas, que têm o objetivo de estimular a criatividade, pode ser algo até maçante. Os mais céticos e racionais têm dificuldade de se soltar ou simplesmente não acreditam em tais mecanismos.

Porém, vários estudos recentes tentam encontrar caminhos menos complicados para estimular a criatividade das pessoas. Um desses trabalhos foi desenvolvido por Thomas Kramer, da Universidade da Carolina do Sul, e Lauren G. Block, da City University de New York.

O que eles concluíram serve, no entanto, para as pessoas consideradas mais intuitivas. Ou seja, infelizmente, para os mais racionais os resultados não mostraram algo tão valioso.

Os participantes do estudo demonstraram maior criatividade após tocarem pedaços de papel que supostamente haviam sido tocados anteriormente por pessoas criativas. E também apresentaram menor criatividade quando tocaram papéis previamente tocados por pessoas menos criativas.

Aqueles que acreditavam ter tocado papéis previamente manuseados por criativos tiveram 67% a mais de soluções criativas para o uso de um clipe que os que acreditavam que os papéis foram tocados por pessoas menos criativas.

As conclusões do estudo sugerem que pessoas mais intuitivas podem ter desempenho melhor quando usarem, por exemplo, canetas e computadores previamente usados por colegas criativos ou considerados inteligentes.

Não é à toa que muitas empresas criam ambientes propícios ao estímulo da criatividade dos funcionários. O que poderiam fazer também é propiciar a visita frequente e talvez uma maior interatividade dos funcionários, em geral, aos ambientes de trabalho dos considerados criativos.

Existe uma magia poderosa, segundo os pesquisadores, dos objetos tocados ou usados previamente por sujeitos criativos, mas isso só funciona quando você acredita. Por isso, no caso dos mais racionais e céticos, dificilmente esse efeito traz resultados expressivos.

Fica então a dica. Quer ser mais criativo? Comece conhecendo o ambiente de trabalho de pessoas criativas que você conhece, toque os objetivos utilizados por elas e sinta-se motivado para encontrar soluções aos problemas que enfrenta no seu dia a dia.

Ambientes bagunçados estimulam a criatividade

O que fazer para a criatividade aflorar na empresa? Esse é um desafio que empresas de todos os portes se deparam nos dias atuais, pois acreditam que colaboradores mais criativos estarão mais propensos a inovar.

E a inovação é um imperativo raramente questionado quando o assunto é a busca de diferencial competitivo. Com esse pano de fundo como premissa, experimentos têm sido feitos para tentar criar um ambiente mais propício à criatividade nas empresas.

Pesquisadores liderados por Kathleen D. Vohs, da University of Minnesota, realizaram alguns experimentos inusitados e concluíram que os ambientes mais bagunçados levam a maior criatividade.

Por outro lado, há pesquisas que mostram a necessidade de padronização, organização e estabelecimento de regras para a busca de resultados duradouros e produtividade. É um paradoxo difícil de solucionar, apesar de a maioria dos gestores ter conhecimento, mesmo que inconscientemente, desses fatos.

Um dos experimentos foi bem simples. Constituía em estimular as pessoas a ter ideias criativas para o uso de bolinhas de pingue-pongue. Os participantes foram colocados em duas salas. Na primeira, havia folhas de papel e canetas milimetricamente organizadas sobre uma mesa.

E, na outra, os papéis e as canetas estavam dispostos de maneira aleatória. O segundo grupo teve muito mais ideias criativas que o primeiro.

A conclusão dos pesquisadores é de que ambientes organizados levam à tradição e a seguir o que está padronizado ou convencionado. Já os ambientes caóticos levam à quebra desses padrões, estimulando ideias inusitadas.

De fato, parece fazer sentido. Não é à toa que muitas empresas têm criado as salas de inovação e criatividade, geralmente em um ambiente lúdico, divertido, mais parecido com um parque de diversões do que uma sala de uma corporação onde as pessoas trabalham todos os dias.

A questão é se isso, de fato, funciona. No dia a dia, os funcionários são cobrados por resultados que fazem parte de uma previsão e metas já estabelecidas. Há pouco espaço para a criatividade e a pressão da falta de tempo é constante.

Mesmo assim, as empresas querem de seus colaboradores ideias criativas e inovadoras. Imagine se o ambiente bagunçado fosse o que prevalecesse na empresa.

Talvez a empresa não cresceria tanto, já que o controle e a burocratização também parecem ser um mantra inevitável quando as empresas precisam padronizar processos para ganhar produtividade.

Já em empresas novas, *startups*, o ambiente criativo está presente na maior parte do tempo. O desafio é manter ou estimular que perdure com o crescimento do negócio.

O equilíbrio entre a criatividade e a padronização é o desafio do gestor empreendedor moderno. Não há receita pronta que possa ser aplicada a qualquer empresa. Mas há vários exemplos de organizações que buscam esse objetivo, ao desenvolver uma cultura empreendedora que estimula a criatividade e a inovação.

E na sua empresa, o que tem sido a regra? A busca de um ambiente mais organizado que visa à produtividade ou de momentos criativos na sala de inovação?

Criatividade no tempo livre atinge pico aos 51 anos

Muitas empresas demandam dos funcionários recém-contratados ou dos que já são colaboradores de longa data vários atributos e atitudes, com o objetivo de se sustentarem em posições de liderança no mercado ou conquistarem tal posto.

Comportamento empreendedor, ousadia, espírito inovador e, claro, criatividade, são sempre características desejadas dos funcionários. Quando o tema é criatividade, há vários estudos que mostram se tratar de um comportamento que pode ser incentivado, mas também que pode ser inibido, dependendo do ambiente corporativo.

Um estudo liderado há alguns anos pelo pesquisador Lee Davis, da Copenhagen Business School, na Dinamarca, concluiu que a maioria dos funcionários atinge o seu pico de criatividade aos 51 anos. E há uma razão para isso.

Ao estudar milhares de patentes europeias, os pesquisadores identificaram que os envolvidos com as invenções, com o passar do tempo, tendem a se dedicar mais a atribuições de gestão do que de pesquisa, restringindo o tempo para pensar em inovações apenas quando não estão atolados de trabalho no dia a dia.

Como esse tempo livre praticamente não existe durante as horas normais de trabalho diário, as ideias criativas surgem quando os funcionários estão desenvolvendo outras atividades até fora da empresa, durante o banho, por exemplo.

A questão da dedicação dos funcionários às atribuições de curto prazo de maneira excessiva está na pauta das empresas nos dias atuais, mas poucas conseguem, de fato, criar um ambiente pró-inovação e de estímulo à criatividade, pois, para isso, precisariam preterir as pressões pelos resultados de curto prazo.

A Empreende tem realizado ao longo dos últimos anos uma pesquisa com dezenas de empresas brasileiras de grande porte e identificou que, na maioria, os funcionários reclamam de falta de tempo para se dedicar aos projetos novos, para pensar em inovação e para deixar a criatividade aflorar.

E isso ocorre em empresas que são referência em seus setores e até reconhecidamente inovadoras.

Algumas soluções encontradas para tentar evitar essa armadilha esbarram na cultura corporativa e no medo da falha ou de aceitar o risco. Empresas com cultura empreendedora não só estimulam seus funcionários a pensar criativamente, mas principalmente a implementar o que pensaram ou criaram.

Esse é o grande desafio, já que, na maioria dos casos, as empresas têm a pressão dos resultados imediatos, que são obtidos pelas soluções atuais e não pelas novidades.

Já a questão do pico de criatividade aos 51 anos está muito mais relacionada à atribuição do funcionário na empresa do que ao comportamento criativo. Há pessoas muito criativas acima dos 60 anos, por exemplo.

O fato é que se você se considera criativo ou valoriza a criatividade e pensa em uma carreira duradoura como funcionário em uma grande empresa, deve ficar atento aos estímulos, incentivos e também às barreiras que a empresa cria para os predispostos a ser criativos.

Se com o passar do tempo em uma empresa você perceber que sua criatividade está sendo ceifada e não tem mais tempo para pensar livremente, é hora de repensar se não vale a pena mudar de lugar, de área, ou mesmo de emprego.

O desafio não será simples de equacionar, pois são raras as empresas que conseguem, de fato, criar um ambiente de estímulo à criatividade.

Essa é uma das razões que levam tantas pessoas a pensar no negócio próprio. Porém, para evitar a armadilha de falta de tempo para as ideias criativas em sua própria empresa, a cultura pró-inovação deve ser moldada desde o início e você precisa liderar esse processo.

Amantes do risco falham mais nos negócios

Há um mito muito difundido de que os empreendedores devem arriscar e que os empreendedores mais bem-sucedidos são amantes do risco. Porém, vários estudos já demonstraram que o ato de arriscar pode ser mais prejudicial que benéfico ao futuro de um negócio.

Um desses estudos buscou testar a hipótese de que pessoas mais tolerantes ao risco são mais propensas a se tornar donas do negócio próprio e de ter mais retorno com isso. O resultado encontrado mostrou algo contrário: que quem tende a arriscar acaba por obter resultados menos interessantes nos seus negócios.

Parece contraditório com a teoria clássica do empreendedorismo inovador e, de fato, é, pois a análise envolveu um universo considerável de pessoas e de negócios de todos os tipos e portes.

Nesses casos, era de se esperar que os chamados negócios estilo de vida, simples, pouco inovadores e nos quais os empreendedores arriscam menos, tendem a sobreviver por mais tempo, mas sempre em situações limítrofes de desempenho, porém não com desempenho superior.

Mas não foi o que constataram os pesquisadores Hans K. Hvide, da University of Bergen, na Noruega, e Georgios A. Panos, da University of Stirling, no Reino Unido, ao pesquisarem dados de investimento de 400 mil noruegueses.

Eles encontraram que aqueles que investiram em ações – que se trata de um investimento de maior risco que a poupança, por exemplo,– têm 50% mais probabilidade de se tornar donos do negócio próprio.

E as empresas iniciadas por essas pessoas, por outro lado, obtêm desempenho em vendas 25% inferior e 15% menos retorno sobre os ativos que aquelas firmas criadas por pessoas menos tolerantes ao risco.

Os pesquisadores consideraram que isso provavelmente ocorre devido ao fato das pessoas que aceitam o risco também estarem dispostas a um retorno menor, sabendo que isso pode ocorrer quando se arrisca mais.

Mas quais aprendizados podemos tirar dessa pesquisa? Que não se deve arriscar nos negócios? Não necessariamente. O que se deve buscar, ao empreender, é tentar entender o risco atrelado à iniciativa e buscar mitigar os fatores que podem levar o negócio ao insucesso.

Isso se faz com pesquisa, levantamento de informação e preparo do empreendedor. Aqueles que atuam apenas com base no próprio *feeling* correm riscos maiores e às vezes desnecessários.

Por outro lado, empreendedores que arriscam pouco podem perder grandes oportunidades de negócio. Nota-se que arriscar faz parte do processo empreendedor, mas depende do empreendedor dosar o nível de risco que está disposto a aceitar e, com isso, aumentar suas chances de sucesso ou arcar com as consequências do fracasso.

E você, é mais tolerante ao risco ou prefere cenários mais claros e previsíveis? Lembre-se que não há certo ou errado, mas dependendo do momento e da janela da oportunidade apresentada, a aversão ou a tolerância ao risco podem definir o futuro de sua empresa.

Aproveite o almoço e o café para criar oportunidades e fazer negócios

Muitos empreendedores envolvem-se tanto com o dia a dia de suas empresas que se esquecem de uma atividade crucial: o relacionamento com o ambiente externo. Manter uma agenda de reuniões externas não serve apenas para você atender clientes atuais ou em potencial, mas também para trocar ideias sobre o seu negócio e o mercado onde está atuando.

Uma das formas comuns no mundo dos negócios de praticar uma agenda produtiva de reuniões externas é a realização de almoços de negócios. Você tanto pode ser convidado como deve convidar pessoas para essa finalidade.

Como no início de toda empresa os compromissos financeiros não são poucos, alguns empreendedores preocupam-se mais em poupar recursos (evitando almoços frequentes) e com isso podem estar perdendo grandes oportunidades de negócios.

O investimento é pequeno se você pensar nas possíveis recompensas. Na maioria das vezes, você e o seu convidado pagarão cada um a sua parte do almoço, mas se você convidou um cliente ou alguém com quem quer obter informações importantes, é de bom grado que se prontifique a pagar sozinho a conta.

Uma boa sugestão é definir um restaurante com ambiente agradável para se conduzir a conversa em privacidade e, é claro, que tenha uma boa comida, bons vinhos (outra tendência que veio para ficar é o consumo de vinhos em almoços/jantares de negócios) e um bom atendimento.

Se você passar muitas semanas com respostas vagas à pergunta "Com quem você vai almoçar hoje?", reprograme sua agenda e pratique seu *networking*, já que ser empreendedor também é saber se relacionar com as pessoas.

Além de almoços, também tem sido comum um cafezinho ou mesmo o café da manhã, mas não aquele de padaria, simples (nada contra o café de padaria, o problema é que o ambiente nem sempre é o mais propício para uma conversa em privacidade).

Hoje em dia há casas de café especializadas, onde você prova um bom espresso gourmet. Menos comum, mas que também ocorrem são os jantares. Nesses casos, é mais provável que sejam em grupos, em confrarias, recepções etc.

O fato é que você, como empreendedor, não pode se prender apenas ao ambiente interno de sua empresa ou ficará ausente dos acontecimentos importantes que podem ocorrer no seu setor e perder oportunidades de fazer bons negócios.

Mesmo com prazos apertados para uma tarefa, é preciso fazer intervalos

Todos já vivenciamos situações nas quais temos um prazo para concluir determinada tarefa e, muitas vezes, preterimos tudo, sem exceções, para que o prazo seja cumprido. Mas estudos mostram que uma pausa de 15 minutos em momentos específicos pode lhe ser muito útil.

É natural que você fique totalmente focado na tarefa ou no trabalho que está desenvolvendo quando o prazo para sua conclusão está apertado. Muitos não param para as refeições ou mesmo para ir ao banheiro. A ansiedade e a pressão para a conclusão da tarefa falam mais alto.

Porém, pesquisas têm mostrado que independentemente de quão engajados nós estivermos em determinada atividade, nosso cérebro inevitavelmente se cansa e nós nos tornamos mais vulneráveis a distrações.

Por isso, pausas esporádicas servem para recarregar as energias, melhorar o autocontrole e a tomada de decisão, aumentando também a produtividade. Nós precisamos adquirir o hábito de pausar antes que o estresse tome conta da situação.

Segundo Ron Friedman, estudioso do assunto, a sugestão é definirmos pausas de 15 minutos em momentos específicos do nosso calendário diário, seja de manhã, à tarde ou em qualquer período em que você esteja desenvolvendo suas atividades.

E você deve achar alguma atividade para fazer nesse tempo de pausa, como caminhar, se alongar, tomar um café com um colega de trabalho etc.

O importante é sair da frente do computador para relaxar e descansar a mente. E não vale apenas checar *e-mails,* WhatsApp ou suas redes sociais. Será necessário, de fato, dar um tempo.

Muitos de nós já fazemos essa pausa intuitivamente. E os estudos mostram que tais paradas de relaxamento fazem com que você consiga organizar melhor as ideias e, com isso, executar as tarefas de maneira mais acertada.

A sensação de perda de tempo, já que uma parada de 15 minutos pode comprometer o seu prazo, é substituída pela produtividade e uma possível maior assertividade no desenvolvimento do trabalho.

O que você acha? Parece simples e, de fato, é. Não custa tentar.

Nada é tão urgente

O estresse parece fazer parte da vida do empreendedor. O senso de urgência e a necessidade de se antecipar aos fatos fazem do empreendedor um sujeito extremamente ansioso e que não consegue se desligar, relaxar, deixar que a vida tome rumos não planejados.

Essa parece ser a regra que a maioria dos empreendedores segue de maneira inconsciente. Isso ocorre não só porque os empreendedores estão sempre pensando em colocar suas ideias em prática, mas também porque têm o receio de que se não ficarem atentos, podem perder grandes oportunidades.

Há pessoas que empreendem por décadas à frente do negócio próprio e nunca tiram uma semana de descanso, pois acreditam que sua presença na empresa é indispensável, que precisam dar exemplo à equipe, ou mesmo porque gostam tanto do que fazem que para elas é um prazer imensurável ir trabalhar quase todo dia.

Mas será que isso é saudável? Há algum tempo, presenciei de perto uma situação que não é incomum. Um amigo empreendedor, após fazer um *checkup* de rotina com seu médico, recebeu a notícia que precisava de uma cirurgia às pressas.

O problema é que ele tinha vários compromissos agendados e que não poderiam ser alterados, pois os clientes já estavam avisados, as datas estavam combinadas, muita gente já estava mobilizada para os eventos que ocorreriam na próxima semana.

Porém, ao ouvir de seu médico que nada é tão urgente a não ser cuidar de sua saúde para garantir mais tempo de vida, suas prioridades rapidamente mudaram (na marra).

O empreendedor relatou que em poucas horas ele pareceria ter assistido a um filme completo de sua vida e de como o seu momento presente estava em desequilíbrio.

O excesso de dedicação ao negócio o levou a esquecer da vida pessoal, da saúde física e mental, dos momentos de lazer e de pensar em outras metas que não apenas as relacionadas aos negócios.

O susto passou, ele voltou a trabalhar alguns dias após a cirurgia e se fez uma promessa: além do negócio próprio também vai priorizar a sua vida, ou seja, compartilhar com a família, amigos e demais pessoas que estima momentos prazerosos e curtir um pouco o agora.

Muitos empreendedores precisam passar por momentos assim para acordar e perceber que o ato de empreender é um processo sem fim e que por mais que você conquiste uma meta ambiciosa, rapidamente novas surgirão.

Porém, se não houver uma interrupção no senso de urgência, a realização, de fato, nunca ocorrerá, pois de nada adianta cumprir metas de negócio se você não puder celebrar suas conquistas.

Por isso, é de extrema importância destinar tempo para os momentos de relaxamento e não se importar tanto quando os acontecimentos tomarem rumos caóticos. Esse é o desafio maior, pois nem sempre a foto do empreendedor bem-sucedido da capa de revista reflete um ser humano feliz e em equilíbrio.

Trabalhe menos e ganhe mais

Imagine-se na situação de muitos empreendedores que já conquistaram os primeiros objetivos financeiros com o seu negócio e construíram uma empresa estruturada, com equipe profissional e bem estabelecida no mercado.

No mundo ideal, com isso o empreendedor consegue delegar e ter tempo para as suas atividades pessoais e para decidir como aplicar seus recursos. Correto? Infelizmente, nem todos fazem isso... Mas aqueles que o fazem trabalham menos e ganham mais!

Em vez de se dedicar ao dia a dia da empresa, caso tenha uma boa equipe à frente do seu negócio, você poderá ficar apenas no conselho de administração. Mas só faça isso após perceber que sua presença do dia a dia já não é mais essencial e que a empresa consegue progredir e funcionar sem você.

Não se frustre se isso ocorrer, pois será sinônimo de que você conseguiu criar algo que tomou vida própria e terá condições de continuar a existir mesmo sem a sua interferência. É uma realização e tanto para qualquer empreendedor.

Assim, você terá mais tempo para se dedicar a outras atividades, tais como participar de associações, entidades de classe do setor empresarial, conselhos de outras empresas e para administrar os seus investimentos.

Além disso, terá mais tempo livre para se dedicar ao seu passatempo preferido, praticar esportes, viajar e se divertir.

Muitos empreendedores sentem-se culpados ao ver a empresa progredindo e eles viajando a passeio, por exemplo. Alguns não tiram férias por anos a fio e acham que isso é o que os mantém vivos à frente dos negócios.

Mas se você se comportar sempre assim, passará a vida trabalhando e construindo impérios para outros desfrutarem. Permita-se curtir um pouco a vida. O quanto antes isso for possível, melhor.

Brasileiros que fazem MBA são menos propensos a empreender

Uma pesquisa da Universum, instituição baseada em New York, com 135 mil estudantes de MBA (mestrado em administração de empresas) no mundo identificou que os indianos, ingleses, mexicanos e russos são os mais propensos a criar uma *startup* ou trabalhar em uma quando concluírem o MBA.

Os norte-americanos e os brasileiros ficaram na 16ª e 17ª posições, respectivamente, num total de 23 países participantes do estudo.

Segundo os autores do estudo, no caso dos norte-americanos, isso ocorre porque quem faz um curso de MBA tem mais ofertas de emprego em grandes empresas e ainda precisa pagar o financiamento que contraiu para custear o curso, que geralmente demanda grande investimento dos estudantes e suas famílias.

Por isso, muitos preferem primeiro pagar as contas e depois se aventurar, se for o caso, com o negócio próprio.

A análise pode até fazer sentido, mas contraria o histórico espírito empreendedor do norte-americano.

Por outro lado, ao se observar que os indianos estão à frente de todos os demais, pode-se perguntar se as ofertas de emprego na Índia são mais escassas, mesmo para os que fazem MBA, ou se, de fato, esses estudantes pretendem criar um negócio próprio porque o perfil dos indianos é de um povo mais empreendedor que a média.

A segunda opção parece não ser ratificada pela maioria das pesquisas realizadas mundialmente, mas é difícil chegar a uma conclusão definitiva.

No caso do Brasil, pesquisas de fontes distintas apontam o notável espírito empreendedor do brasileiro, seja ele jovem (ex.: até os 30 anos), adulto (ex.: entre 30 e 55 anos) ou mesmo aqueles que pensam no pós-carreira, ou seja, em atividades por conta própria após a aposentadoria como funcionário.

Eu sempre faço uma pergunta parecida com meus alunos de MBA na USP e na FIA, em São Paulo, perguntando quem pretende montar o negócio próprio.

Geralmente, obtenho respostas ecléticas, mas diria que a maioria quer montar um negócio próprio, porém, não logo após concluir o curso de MBA.

E uma das explicações para esse resultado é justamente a prioridade que os alunos atribuem ao desenvolvimento profissional na carreira como executivo, pagar a conta do MBA (que muitas vezes é compartilhada pela empresa onde o estudante trabalha) e, após 5 a 10 anos, se envolver com o negócio próprio.

Por outro lado, quando faço palestras para jovens estudantes de graduação em várias cidades no Brasil, o resultado é diferente: a grande maioria imagina estar envolvida com o negócio próprio ou trabalhar em uma empresa *startup* logo ao concluir a faculdade.

Dicas essenciais de empreendedorismo – José Dornelas

Talvez o perfil do jovem de hoje esteja mais ligado à ousadia típica do empreendedor, ou ainda, a falta de experiência pode levar esse mesmo jovem a acreditar que a carreira empreendedora é mais interessante que a carreira como executivo em uma grande empresa.

O fato é que, quando se é jovem, em tese pode-se arriscar mais e, com isso, talvez mais oportunidades de negócio podem ser identificadas e capturadas...

Empreendedores têm menos chances de arrumar emprego

Um estudo desenvolvido por um grupo de pesquisadores de diferentes universidades europeias mostra que aqueles que estão envolvidos com uma experiência empreendedora como donos do negócio próprio têm menos chances de ser convidados a uma entrevista de emprego para cargos assalariados.

O resultado é de certa forma surpreendente, haja vista o mundo corporativo demandar, cada vez mais, executivos que tenham o chamado "perfil empreendedor".

Se você conversar com recrutadores de agências especializadas em recrutamento e seleção de executivos, a maioria dirá que a experiência como empreendedor do negócio próprio só contará pontos quando você se candidatar a um emprego, já que é esse o perfil que as corporações buscam nos dias atuais.

Porém, o estudo realizado por Philipp Koellinger, Julija Mell e Irene Pohl, da Erasmus University, em Roterdã; Christian Roessler, da University of Vienna; e Theresa Treffers, da Munich School of Management, traz dados intrigantes e que derrubam essa tese até então aceita de maneira natural pelas pessoas.

O estudo Self-Employed But Looking: A Labor Market Experiment, apresentado na Annual Meeting of the Academy of Management mostra que os empreendedores do negócio próprio que se candidataram a uma vaga nas mesmas condições que aqueles empregados em empresas receberam 63% menos respostas positivas.

Segundo os autores, há algumas hipóteses que podem explicar tal resultado:

1. há uma discriminação irracional por parte dos recrutadores;
2. as qualidades que levam ao sucesso como empreendedor do negócio próprio (por exemplo, assumir risco) diferem daquelas que levam ao sucesso como executivo;
3. grandes empresas requerem diferentes habilidades políticas e sociais se comparadas às pequenas empresas.

Apesar de serem apenas hipóteses e não explicar o resultado, a conclusão mais clara do estudo é que ter uma experiência prévia como empreendedor do negócio próprio pode ser um sinal negativo se você está em busca de um emprego como assalariado.

Apesar de o empreendedorismo ser um tema recorrente no mundo corporativo, parece que ainda há muito a ser feito para se tornar uma prática, e não apenas discurso.

Esse é um dilema enfrentado por muitas empresas que buscam no empreendedorismo corporativo a solução para seus problemas de crescimento.

Porém, se a empresa não tiver uma cultura empreendedora disseminada por toda a organização, dificilmente os resultados acontecerão.

O momento certo de mudar

Se você começar um negócio de final de semana, não será raro surgir a vontade de dar um passo além.

Muitos empreendedores que se dedicam à iniciativa de final de semana sonham um dia ter a empresa em tempo integral como sua principal atividade, principalmente aqueles que trabalham como empregados durante a semana.

Para saber se sua iniciativa de final de semana pode ser expandida para tempo integral, você precisará analisar o potencial do negócio, sua estrutura, equipe etc. e a sua dedicação de tempo, bem como suas responsabilidades.

O teste a seguir pode ajudar, mas lembre-se que será necessária uma análise mais completa antes da decisão final. Responda com SIM ou NÃO a cada afirmativa apresentada.

1. Meu negócio tem uma carteira cativa de clientes que me garantem um faturamento mínimo mensal, o qual cobre todas as despesas fixas e variáveis e me rende um lucro de pelo menos 15% do faturamento.
2. Meus funcionários são todos contratados há vários meses, eu confio neles e eles querem ter mais envolvimento no negócio.
3. Eu tenho tempo para me dedicar à empresa em tempo integral, pois não estou envolvido com outros negócios ou como empregado.
4. Minha família me apoia na decisão e todos estão cientes de que será necessário um comprometimento ainda maior com o negócio, sendo que nosso tempo livre, quando tivermos, será escasso (pelo menos no início).
5. Eu fiz uma pesquisa com meus clientes e eles se mostraram animados com a ideia de poder comprar de minha empresa durante a semana. Em resumo, os clientes atuais aprovaram.
6. Eu coloquei todos os custos e despesas em uma planilha e cheguei à conclusão de que vão aumentar significativamente. Mas eu tenho reservas e/ou alternativas de investimento para essa nova fase da empresa.
7. Eu tenho vontade de crescer e fazer com que meu negócio se torne uma referência em seu setor. Isso me motiva a buscar desafios cada vez maiores.
8. Eu estou disposto a trabalhar por pelo menos mais 2 anos até ver o novo ponto de equilíbrio da empresa, já que estou praticamente começando um novo negócio.
9. Eu sei delegar e estou ciente de que não conseguirei controlar todas as atividades da empresa. Montarei uma equipe com responsáveis por atividades-chave e me dedicarei cada vez mais à área estratégica da empresa.
10. Eu não me vejo à frente de uma empresa de final de semana nos próximos 2 anos. Antes disso, quero ter um negócio em tempo integral.

As respostas SIM indicam o quanto você e sua empresa estão preparados para a mudança. As respostas NÃO indicam que talvez ainda seja cedo para mudar o *status* de final de semana para tempo integral. Qual a sua conclusão?

Todo empreendedor deve se preparar para o momento de saída

Se você já é empreendedor do negócio próprio, imagine que chegará um momento em que você terá um novo presidente em sua própria empresa e você não terá mais o papel executivo que dita as estratégias e ações do dia a dia. Será que você conseguirá aceitar essa situação?

Alguns empreendedores têm passado por tal situação por decisão própria, por entenderem que será o melhor para o negócio.

Quando você cria uma empresa, apesar de não parecer, está colocando em atividade uma entidade que andará, aos poucos, com as próprias pernas. No início, você será necessário em todos os momentos e no desenvolvimento dos valores, cultura e visão do negócio.

Conforme a empresa cresce, mais pessoas fazem parte do projeto e o negócio recebe influências diversas. Chegará, então, um momento em que a empresa parece não precisar mais de você.

A analogia com a criação e educação do próprio filho é inevitável: em algum momento ele se tornará independente.

Alguns empreendedores não aceitam o fato de deixar o negócio próprio, pois investiram boa parte de suas vidas na sua construção. Mas outros empreendedores entendem que sua fase à frente da empresa já passou.

Algumas formas de se afastar aos poucos do seu negócio próprio é passar o bastão ao sucessor, profissionalizar a gestão ou até mesmo vender a empresa.

Pode ser que da noite para o dia você não tenha mais o que fazer. Com (mais) dinheiro no bolso alguns farão viagens e desenvolverão atividades que sempre sonharam e nunca tiveram tempo devido ao envolvimento total com o negócio.

Porém, com o tempo, muitos empreendedores voltarão a sentir o desejo de criar, de ousar, de fazer acontecer de novo. Aí virá, talvez, a necessidade de começar outro projeto desde o início, tornar-se conselheiro de outras empresas, investidor-anjo, envolver-se com projetos sociais etc.

O fato é que, após ter empreendido uma vez, dificilmente você vai parar totalmente suas atividades. Será que isso é ruim? Os empreendedores que passam por essa situação acham que não. Quem sabe não será o seu caso também!

A difícil decisão de parar

Parar ou descontinuar o negócio nunca passa pela cabeça do empreendedor. Mesmo quando as coisas não vão bem, o otimismo leva o empreendedor a pensar que haverá uma reversão na situação e logo o negócio começará a mostrar sinais de recuperação.

O problema é que muitas vezes esse comportamento pode não só levar a empresa a prejuízos maiores e quebrar com dívidas ainda mais graves, como também acabar com o patrimônio pessoal do empreendedor.

Mas quando tomar a decisão de parar? Quais os sintomas que indicam que o negócio não tem salvação?

Não existe uma regra rígida, mas se o empreendedor planejou o negócio desde o início ele terá métricas para acompanhar o seu desenvolvimento e poderá determinar quais são as situações limítrofes, aquelas nas quais não há alternativa e a decisão de parar se torna a atitude mais sensata.

Um exemplo comum é quando a empresa depende de um grande cliente (por exemplo, com pelo menos 70% de sua receita decorrendo de uma única fonte pagadora) e o contrato com esse cliente é descontinuado.

Quando o empreendedor é avisado com antecedência da decisão do cliente de não continuar a comprar, em teoria pode-se tentar alternativas para recuperar a receita que era garantida, mas nem sempre isso é possível.

Muitas empresas quebram em situações como essa e descontinuar a empresa pode ser a única saída. Há outros exemplos, como investir pesadamente em produtos que não emplacam; ter muitos clientes importantes que ficam inadimplentes e levam a sua empresa a ficar no vermelho etc.

Não há nada de errado em descontinuar um negócio se essa for a melhor decisão. Pior seria continuar com um negócio sem condições de crescer e dar lucros. Em todo o mundo, a maioria dos empreendedores quebra ou descontinua de um a três negócios em toda a vida.

Não é por isso que você deva ter uma história dessas no currículo, mas caso isso ocorra saiba que você não faz parte de um pequeno grupo de pessoas.

Mesmo sabendo que o fracasso pode ocorrer e que errar faz parte do processo de aprendizagem do empreendedor, mitigue seus riscos pessoais e tenha reservas financeiras para adversidades como essas, pois você pode precisar.

Quem trabalha em pequena empresa é mais feliz

Resultados de uma pesquisa realizada no âmbito do projeto Felicidade no Trabalho, liderado pelo empreendedor norte-americano Tony Hsieh, CEO da Zappos, mostra dados interessantes e intrigantes ao se comparar funcionários de pequenas e grandes empresas.

A felicidade no trabalho, naturalmente, depende de muitos fatores, inclusive aqueles que não necessariamente estão presentes no dia a dia da empresa, como fatores externos e familiares que podem comprometer ou enfatizar a felicidade do trabalhador.

Mas a pesquisa procurou entender como aqueles que trabalham em organizações consideradas pequenas ou médias e também nas grandes se sentem quando o assunto é felicidade, mesmo sabendo dessas ressalvas.

Alguns dos dados divulgados a partir da análise de respostas de mais de 11 mil pessoas mostram que aqueles que trabalham em empresas com menos de 100 empregados são 25% mais propensos a ser felizes no trabalho do que seus colegas que trabalham em empresas com 1.000 funcionários, por exemplo.

Outro resultado interessante da pesquisa é que supervisar outros está associado com mais felicidade que ser supervisionado. Ou seja, ser chefe traz mais felicidade que ser subordinado.

Para aqueles que consideram esse resultado em particular algo óbvio, cabe lembrar que com a chefia ou o poder de decidir e "liderar" também vem mais responsabilidade. Isso, para muita gente, é motivo de preocupação, o que não necessariamente traz mais felicidade. Pelo jeito, não é o caso da maioria!

Esses resultados mostram que trabalhar em grupos menores e com mais liberdade ou autonomia deixa as pessoas mais felizes. Isso tem tudo a ver com empreendedorismo.

Um dos fatores que estimulam as pessoas a empreender é o senso de liberdade, de definir o próprio rumo, de se sentir pertencente a um grupo e que a sua contribuição é importante para o sucesso desse grupo.

Pequenas e médias empresas proporcionam ao empreendedor exercer o seu poder de influenciar os rumos de um projeto e de se realizar. E àqueles que são funcionários, existe a sensação clara de trabalhar conhecendo as pessoas que estão à sua volta e não se sentindo mais um número ou ocupante de um cargo padrão.

Há pesquisas que têm mostrado ainda uma tendência de as grandes empresas repensarem suas estruturas, incentivando a criação de unidades menores, onde as pessoas possam interagir e conhecer umas às outras. Isso também leva a mais flexibilidade, menos burocracia e mais agilidade.

Cabe a discussão se o modelo de grande corporação está em xeque, já que se trabalhar em empresas menores deixa as pessoas mais felizes, qual seria a escolha natural dos novos entrantes no mercado de trabalho?

E você achava que nos finais de semana seria feliz

Pessoas com alto nível de educação formal têm um nível de satisfação pessoal alto durante os dias de semana, quando trabalham, mas deixam de estar tão bem quando chega o final de semana.

Parece estranho, mas esse dado é resultado de uma pesquisa liderada por Wolfgang Maennig, da Universidade de Hamburgo. O público-alvo da pesquisa foram os alemães. Será que no Brasil o resultado seria similar?

A explicação para uma menor satisfação de viver durante o final de semana, segundo o autor do estudo, é que as pessoas ficam estressadas prevendo o que será a próxima semana de trabalho.

Porém, quando o estudo foi feito com pessoas com baixo nível de educação formal, o resultado foi diferente. Homens nessa categoria mantêm o mesmo nível de satisfação pessoal durante toda a semana.

Já as mulheres atingem o pico de satisfação nas terças-feiras, mas também têm o menor nível de satisfação nos finais de semana.

No mínimo, os resultados são inusitados, pois, mundialmente, a máxima "obrigado senhor, hoje é sexta" é dita nos locais de trabalho justamente por representar que falta pouco tempo para a libertação e para a gente fazer o que gosta, sem se preocupar com regras, horários etc.

Pelo menos na Alemanha não é o que está acontecendo. Muitos podem argumentar que os europeus ainda estão em crise e se preocupam em não perder o emprego. De fato, é um bom argumento, mas não tem nada que comprove essa tese no estudo citado.

Já o fato de se ter maior educação formal também leva o ser humano a uma maior preocupação é paradoxal. Seria algo similar a falar que dinheiro não traz felicidade, mas nesse caso a máxima mudaria para educação não traz felicidade.

É no mínimo negar tudo o que a sociedade defende como premissa para a evolução do ser humano...

E no Brasil, será que esses dados se repetiriam? Eu tenho a impressão que não, pelo menos no cenário atual. Aparentemente, os brasileiros estão mais resolvidos no quesito felicidade e buscam curtir o final de semana.

É o que mostram outras pesquisas que tratam da felicidade geral do ser humano, onde o Brasil sempre se destaca entre as nações que possuem uma das populações mais felizes.

Uma exceção que eu diria que não é tão rara assim ocorre com os empreendedores. Na verdade, não é que estejam menos felizes nos finais de semana, é o fato de não se desligarem nunca.

Eles/elas ficam antenados o tempo todo. O estresse causado por tal comportamento, no longo prazo, pode ser prejudicial.

A nova geração de empreendedores, ou seja, os mais jovens, parece estar convivendo bem com o desafio do equilíbrio entre trabalho e qualidade de vida.

Será que em um cenário diferente, com horizontes não muito claros para o futuro próximo, o comportamento alemão não estaria mais presente por aqui?

São hipóteses e ideias para fazer pensar a respeito do que queremos na vida e do desafio que cada um tem em equilibrar trabalho, lazer, família, ou seja, a vida como um todo.

Quem empreende no final de semana deve pensar grande

Pensar grande é quase sempre uma condição essencial para o sucesso como empreendedor. Como seu envolvimento, sacrifício e dedicação serão praticamente os mesmos pensando pequeno ou grande, o ideal é que pense grande, pois assim você ficará mais próximo do seu sonho.

A maioria dos empreendedores que pensam pequeno desenvolve negócios pequenos, que não vão além de uma experiência.

A atitude de pensar pequeno pode ser mais crítica em negócios de final de semana, que por si só já trazem uma conotação negativa na mente das pessoas, por considerarem o negócio de final de semana algo menos sério que o negócio em tempo integral.

Mas há negócios de final de semana muito bem geridos por empreendedores competentes, que não pensam tão grande, não querem ficar milionários, mas têm clareza das limitações do negócio criado e de onde querem chegar.

Não há nada de errado em querer ter uma empresa que não cresça desde que esse seja o seu ideal de negócio e você tenha clareza de suas limitações e da exposição ao risco.

Um exemplo de risco é o que ocorre quando um negócio não evolui além do final de semana, pois a empresa fica muito susceptível à concorrência e pode deixar de existir rapidamente.

O dilema do crescimento faz parte do mundo dos negócios, e por isso os empreendedores estão sempre em busca de novas ideias e inovações que farão seus negócios evoluírem.

Os negócios de final de semana não precisam se tornar negócios em tempo integral para crescer. Podem crescer multiplicando o seu conceito e ganhando escala no próprio final de semana, por meio de franquias, representações, filiais etc.

Se não é esse o seu objetivo, então você busca o que se denomina negócio estilo de vida. Aquela empresa que pode até ser a sua principal fonte de renda, mas com a qual você não quer maiores demandas, tais como aumento do número de funcionários e maiores responsabilidades.

É uma escolha só sua, porém saiba que negócios estilo de vida estão muito mais expostos ao risco que aqueles nos quais o empreendedor vê a empresa inicial apenas como um estágio do grande negócio que está criando.

Ansiedade atrapalha abertura da empresa

Quando você está envolvido com a criação de uma nova empresa, não vê a hora de abrir as portas e começar a vender, afinal, é isso que todo empreendedor almeja. O momento está chegando e a ansiedade aumentando.

Quem já passou por essa experiência sabe que é necessário aprender a controlar a ansiedade para evitar acelerar demais os passos antes da hora. Em conversa com alguns empreendedores e a partir da experiência própria, relato a seguir algumas dicas para tentar controlar a ansiedade nesse momento tão importante.

Procure recapitular tudo o que você fez até então e reveja mentalmente os vários dias, semanas e meses que foram necessários até chegar ao dia da abertura da empresa. Mesmo que você tenha feito um planejamento bem estruturado, sempre surgirão imprevistos que você e sua equipe terão que contornar.

Sabendo disso, procure não se desesperar e lembre-se que o próprio planejamento deve ter previsto um início mais ameno, pois são raros os casos de empresas que ultrapassam consideravelmente as projeções iniciais. Toda empresa passa por várias fases de crescimento em seu ciclo de vida e a sua não será diferente.

O início é mais complicado, principalmente para aqueles que estão vivenciando a experiência empreendedora pela primeira vez, até você conseguir clientes e volume de vendas. Após os primeiros 6 a 12 meses você perceberá se o que planejou está condizente com o que executa e poderá até mudar de rota ou rever o planejamento.

Mudar rota, na verdade, é algo difícil de fazer para a maioria dos empreendedores, pois eles sempre creem que em determinado momento tudo vai dar certo! Mas como você estará acompanhando o desenvolvimento de sua empresa, depois que recuperar o investimento inicial terá um histórico completo para saber o que funciona ou não em termos de estratégia e gestão para o tipo de negócio que você criou.

Assim, aos poucos, você consegue entender na prática o que é ser empreendedor. Controlar a ansiedade às vezes é algo complicado para muitas pessoas, devido ao seu perfil, mas quando você conhece o solo onde está pisando o caminho fica menos tortuoso.

Descubra se você tem perfil de empreendedor serial

Talvez você já tenha ouvido a expressão "empreendedor serial", um termo que tem sido bastante comentado ultimamente. Ao pé da letra, o significado é o empreendedor que cria vários negócios, pois não se contenta com apenas uma empresa. Mas será que esse tipo de empreendedor tem mais ou menos sucesso que o empreendedor solo?

É difícil mensurar o sucesso do empreendedor serial e compará-lo com o do empreendedor solo, mesmo porque há bem menos empreendedores seriais que os que criam apenas uma empresa. Entenda-se "apenas" não como algo negativo -- pois empreender um único negócio já é um desafio e tanto –, mas como uma maneira de diferenciar ambos os tipos de empreendedores.

Se você ainda não é empreendedor do negócio próprio e pensa em ser um dia, já se deparou pensando em criar mais de um negócio? E se você já tem um negócio próprio, já pensou em criar outras empresas além da atual? Para responder a essas perguntas, cabe entender um pouco melhor o perfil do empreendedor serial.

O empreendedor serial é aquele apaixonado não apenas pelas empresas que cria, mas principalmente pelo ato de empreender. É uma pessoa que não se contenta em criar um negócio e ficar à frente dele até que se torne uma grande corporação. Como geralmente é uma pessoa dinâmica, prefere os desafios e a adrenalina envolvidos na criação de algo novo a assumir uma postura de executivo que lidera grandes equipes.

Normalmente, ele (ela) está atento a tudo o que ocorre ao seu redor e adora conversar com as pessoas, participar de eventos, associações, fazer *networking*. Para esse tipo de empreendedor, a expressão "tempo é dinheiro" cai como uma luva.

Geralmente, tem uma habilidade incrível de montar equipes, motivar o time, captar recursos para o início do negócio e colocar a empresa em funcionamento. Sua habilidade maior é acreditar nas oportunidades e não descansar enquanto não as vir implementadas.

Ao concluir um desafio, precisa de outros para se manter motivado. Às vezes se envolve em vários negócios ao mesmo tempo e não é incomum ter várias histórias de fracasso. Mas estas servem de estímulo para a superação do próximo desafio.

Agora você pode responder à pergunta. Seu perfil é o de empreendedor serial?

Gerencie o dia a dia para ser mais produtivo

Os empreendedores normalmente não têm horário fixo para suas atividades, trabalham muito, acordam cedo, dormem tarde, trabalham em finais de semana etc. Porém, para ser mais produtivo e garantir qualidade de vida, você precisa buscar equilibrar muito bem tudo isso.

Assim, terá tempo para a vida pessoal e familiar e não ficará no círculo vicioso do trabalho, que acabará lhe rendendo muito estresse. E não apenas isso, o comportamento de louco por trabalho prejudicará a você e ao seu negócio.

Peter Drucker, que foi um dos maiores especialistas em gestão de negócios, indicava atitudes muito simples que podem ser úteis na otimização de seu tempo e modo de vida. Entre elas está a tarefa de descobrir o que você faz melhor em cada parte do seu dia. Seguindo o exemplo de Drucker, procure responder às perguntas a seguir e tire suas conclusões.

- Você prefere fazer reuniões de manhã, à tarde ou à noite?
- Você prefere comunicar-se com seus funcionários de forma escrita, falada ou ambos?
- Você prefere ler em qual período do dia?
- Você tem uma rotina de ler e responder *e-mails* ou faz isso a todo o momento? Já pensou em definir um momento específico do dia para essa atividade?
- Você normalmente faz suas refeições nos mesmos horários ou não há um padrão? Você se preocupa com o que come?
- Você pratica atividades físicas regulares ou ainda prefere a desculpa de que não tem tempo?

Ao descobrir o que você faz melhor em cada parte do dia e como faz, procure criar uma rotina para melhor alocar o seu tempo e distribuir de maneira mais adequada suas atividades. Com isso, tudo ficará mais fácil e você se tornará um empreendedor mais produtivo, com tempo para você, sua família e, claro, para sua empresa.

Descubra se ter uma franquia é para você

O movimento do *franchising* nunca esteve tão forte no Brasil. São milhares de redes de franquias no país, com inúmeras unidades franqueadas, resultando em um faturamento multibilionário ano após ano. Não há dúvidas de que é um caminho natural a se pensar em trilhar quando a decisão de empreender já foi tomada.

Mas você está preparado para ser um franqueado? Ou teria mais o perfil de um franqueador? Ambos são empreendedores, mas com visão de crescimento e ambição diferentes. Há ainda o multifranqueado, aquele que abre várias franquias de uma mesma marca, por exemplo.

Ser um franqueado pode ser sua opção se:

- o seu objetivo é criar uma empresa que já tenha o modelo de negócio provado e que tenha histórico de sucesso em outras regiões;
- você assume riscos de maneira moderada e quer alto grau de previsibilidade do retorno do negócio que vai criar;
- não tem ambições de fazer a empresa crescer além de determinado patamar previsto e busca muito mais um faturamento médio mensal que satisfaça sua necessidade de recursos para sustentar seu padrão de vida e objetivos pessoais/ familiares;
- não vê problemas em ter que seguir procedimentos e não ter autonomia 100%, mesmo sendo dono do negócio, e também está disposto a pagar uma parte dos seus rendimentos (*royalties*) ao franqueador.

Ser um franqueador é sua opção se você:

- criou um negócio que se mostrou bem-sucedido, mas não tem possibilidades de crescer além do patamar já atingido no ponto em que atua. Expandir a empresa através de franquias pode ser um caminho;
- está disposto a compartilhar seu modelo de negócio, marca e sucesso com outros empreendedores, mesmo sabendo que alguns deles, com certeza, irão fracassar;
- pensa em fazer o seu negócio crescer de maneira acelerada e ganhar escala, faturando muito mais que apenas com a unidade própria inicial;
- não tem a intenção de se dedicar no futuro à operação e ao dia a dia do seu negócio, mas atuar muito mais como um estrategista e analista das melhores opções de investimento;
- quer estar à frente de um grande negócio, com muitos funcionários e muitos empreendedores (franqueados) crescendo com você.

Como já mencionado, você pode ainda ser um multifranqueado, que acaba sendo um perfil intermediário entre os dois anteriores. Naturalmente, não são apenas esses fatores apresentados que diferenciam um perfil do outro, mas servem como um ponto de partida para você decidir que tipo de negócio quer criar e como se vê à frente desse negócio nos próximos anos.

Isso porque, a partir do momento que a decisão de empreender foi tomada, é certo que você deverá se dedicar em tempo quase integral ao seu projeto empresarial. Caso contrário, dificilmente terá um resultado satisfatório. Mas não se esqueça de dedicar parte essencial do seu tempo para suas atividades pessoais, para cuidar da sua saúde e da sua família.

Saiba se vale a pena ser um empreendedor individual

O programa de iniciativa do governo federal intitulado Empreendedor Individual é um sucesso de público. Milhões de brasileiros já se tornaram empreendedores individuais, ou seja, donos do negócio próprio reconhecidos e legalizados.

O grande mérito da iniciativa tem sido trazer para a formalidade uma infinidade de empreendedores informais e de necessidade que existem no país. As facilidades apresentadas aos empreendedores individuais também são convidativas, como cita o *site* oficial do governo, Portal do Empreendedor:

- Direito ao registro no Cadastro Nacional de Pessoas Jurídicas (CNPJ), o que facilitará a abertura de conta bancária, o pedido de empréstimos e a emissão de notas fiscais.
- Enquadramento no Simples Nacional, ficando isento dos tributos federais (Imposto de Renda, PIS, Cofins, IPI e CSLL).
- Pagamento de apenas um pequeno valor fixo mensal, que será destinado à Previdência Social e ao ICMS ou ao ISS. Com essas contribuições, o empreendedor individual terá acesso a benefícios como auxílio-maternidade, auxílio-doença, aposentadoria, entre outros.

Porém, não são só maravilhas. Há restrições para que qualquer pessoa se enquadre nos critérios do programa. A principal delas é a necessidade de não faturar acima de um teto anual e poder ter apenas um funcionário registrado em carteira.

Analisando friamente, essa limitação pode inibir muitos empreendedores individuais, levando-os a não pensar grande e não querer crescer. A partir do momento que o seu negócio evolui, você precisa necessariamente mudar de categoria. Isso, para muitos empreendedores, pode levá-los à perda de competitividade e fazê-los frear o crescimento de sua empresa.

Para aqueles que buscam estruturar seu negócio informal e legalizar o dia a dia da empresa, não há dúvidas que vale a pena aderir ao empreendedor individual.

Mas, para aqueles que pensam em fazer um negócio muito maior, não valerá a pena ter aderido caso, em algum momento, o empreendedor hesitar se é mais interessante fazer a empresa crescer ou deixá-la no máximo do tamanho adequado para continuar se adequando aos critérios do programa.

O mesmo fator que estimula muitos brasileiros a aderirem ao empreendedor individual pode também levá-los a se tornar apenas empreendedores de negócios estilo de vida, que não visam ao crescimento.

Há que se pensar em como estimular o empreendedor individual a crescer sem perder os benefícios que tinha quando ainda era pequeno. Essa é uma boa demanda ainda oculta que precisa fazer parte da agenda do empreendedorismo nacional.

Decodificando o DNA do empreendedor de sucesso

Uma pesquisa publicada pela Ernst & Young com 685 empreendedores vencedores do prêmio Empreendedor do Ano em mais de 30 países procurou entender quem são e como pensam essas pessoas.

Trata-se de mais uma tentativa de decifrar o DNA do empreendedor de sucesso. As conclusões, que resumo a seguir, trazem informações interessantes e que podem servir de referência aos que estão engajados ou pensam em empreender o negócio próprio.

Os líderes não nascem prontos

Embora o mito do empreendedor nato ainda persista quando se discute o perfil do empreendedor de sucesso, o estudo mostra que a maioria dos bem-sucedidos adquiriu substancial experiência ao longo da carreira como executivos e isso os ajudou a se preparar para o desafio de empreender.

Mesmo aqueles que começaram cedo, recém-saídos da faculdade ou colégio, aprenderam com a experiência as habilidades necessárias para levá-los ao sucesso.

A decisão de se tornar empreendedor é definitiva

É raro encontrar nos bem-sucedidos uma iniciativa única, ou seja, a criação ou o envolvimento em uma única empresa. O ato de empreender permeia praticamente todas as fases da vida daquele que decide criar o negócio próprio e muitos dos empreendedores criam pelo menos duas empresas.

Investimento, pessoas e *know-how* são as principais barreiras

Cerca de 60% dos empreendedores participantes do estudo indicaram a falta de recursos como a maior restrição para empreender. Encontrar pessoas certas e com o conhecimento para criar o diferencial competitivo da empresa também foram citadas como duas dificuldades relevantes.

O desenvolvimento de uma rede de contatos eficaz é o caminho citado pelos empreendedores para transpor tais barreiras.

Os empreendedores compartilham características semelhantes

Os empreendedores bem-sucedidos podem ser oriundos de países, regiões e culturas diferentes, mas possuem traços parecidos quando se analisa o seu comportamento.

Muitos possuem forte senso de autocontrole e acreditam que os resultados são obtidos por meio do esforço empreendido e pelas condições de contorno do ambiente social e corporativo, mas não apenas por razões aleatórias.

Outro traço comum é a identificação de oportunidades onde a maioria dos não empreendedores vê problemas. Assumir riscos e tolerar falhas também fazem parte das características comuns entre os vencedores.

Os achados da pesquisa podem não trazer informações novas sobre a definição do perfil do empreendedor de sucesso, mas ajudam a entender melhor como pensam e agem essas pessoas que fazem acontecer.

Empreendedor não se aposenta

Os grandes empreendedores são conhecidos pelas suas realizações e o impacto positivo que causam na sociedade. Mais que isso, grandes empreendedores deixam um legado, inspiram novas gerações e, com isso, perpetuam o protagonismo proporcionado aos que tomam a dianteira e colocam sua ideias criativas na prática, inovando e melhorando o mundo onde vivemos.

Mas esses sujeitos aparentemente dotados de poderes superiores são, na verdade, de carne e osso, como todos os demais seres humanos, e também têm suas fraquezas. O problema é que muitos deles não percebem esse lado humano e que em algum momento deveriam diminuir o ritmo e viver um pouco a vida sem as pressões do negócio próprio.

Na verdade, até percebem, mas o vício e a paixão pelo negócio que criou e a sensação de poder pelo fato de ter a última palavra nas tomadas de decisão fazem com o que o empreendedor não consiga se desligar.

Um exemplo claro disso pode ser constatado ao se perguntar ao empreendedor o que ele acha de aposentadoria. Faça esse teste a pessoas empreendedoras de seu círculo de relacionamento. Provavelmente ouvirá frases como: "Só quando Deus quiser"; "Ainda tenho mais uns 10 anos para fazer essa empresa crescer"; "Não vejo ninguém ainda para me suceder na empresa"; "Meus herdeiros ainda não estão preparados"; "Se eu sair da empresa, o negócio para"...

Há um pouco de egocentrismo nessa atitude, mas o fato é que a maioria dos empreendedores não gosta nem de ouvir a palavra aposentadoria. Empreendedores geralmente não têm plano de aposentadoria e não reservam dinheiro para essa finalidade, pois investem no seu negócio com a visão de que os frutos da empresa garantirão o futuro.

Para os jovens empreendedores que começam a gerir suas empresas agora, cabe um recado e uma lição. Considerem a hipótese da empresa não dar certo, de não crescer na velocidade planejada ou das premissas não se concretizarem como você pensou.

Não se trata de ser pessimista, mas de planejar o seu futuro mesmo quando a empresa não fizer parte dele. Aqui vale, sempre, o ditado "Nunca coloque todos os ovos no mesmo cesto". Para isso, você precisa considerar os vários cenários para o futuro, inclusive a aposentadoria.

Para ser um grande empreendedor, você precisa apostar coisas grandiosas. Mas isso não o impede de usar a sabedoria a partir do conhecimento das experiências vividas por outros empreendedores que venceram esse desafio. Você é que deve decidir como quer escrever a sua história empreendedora e se no seu caso a aposentadoria fará parte do enredo.

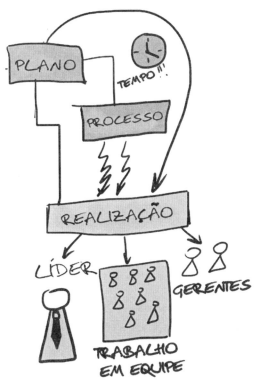

PARTE 2
Liderança
Gestão de pessoas

Liderar é inspirar a equipe a crescer e agir por conta própria

Empreendedores muitas vezes são definidos como líderes e vice-versa. Na verdade, nem todo empreendedor tem na liderança a sua principal virtude. Mas aqueles que conhecem e sabem exercer a liderança sobre uma equipe conseguem montar um time também de empreendedores, multiplicando os talentos por toda a organização.

Liderar não é chefiar, mandar fazer ou dizer o que está errado. Liderar é inspirar a equipe a crescer e agir por conta própria até se sentir segura e poder decidir o que deve ser feito na empresa.

O líder é aquele que vislumbra um dia não ser mais necessário, pois assim terá deixado seu legado e a empresa terá conseguido sobreviver à mudança de comando. Líderes inspiradores são pessoas talentosas que mostram aos outros como o trabalho e a atitude corretos podem trazer resultados pessoais e profissionais.

Quando observamos o presente, há a impressão que vivemos em uma época na qual carecemos de grandes líderes inspiradores (não me refiro apenas ao mundo empresarial). Com o passar dos anos é que compreendemos melhor os personagens que se tornaram grandes líderes.

Mesmo assim, ao observar o mundo empresarial, seja no ambiente de pequenas ou grandes empresas, parece que todo mundo tenta desesperadamente conseguir um lugar ao sol por conta própria sem ter seus modelos de referência para seguir, se inspirar e aprender.

Mas, se você conversar com pessoas mais experientes sobre o tema liderança que já tenham passado por dilemas profissionais durante a carreira, terá a oportunidade de ouvir, entender e aprender sobre como os líderes são forjados.

Muitas pessoas buscam posições de destaque nas organizações onde trabalham ou se dedicam ao negócio próprio, e com isso acreditam que já podem ser consideraras líderes, mas não é bem assim. Você não se considera líder, seus pares e/ou subordinados e até mesmo os superiores é que lhe atribuem tal papel.

Você pode até fazer cursos e treinamentos para conhecer e desenvolver sua liderança, mas o mais importante é praticá-la. Se você está empreendendo o negócio próprio, perceberá se estará fazendo a coisa certa quando a empresa e os seus funcionários souberem o que devem fazer e como fazer, sem a necessidade de você mandar fazer.

Mais que isso, perceberá que a empresa tem uma cultura formada e que as pessoas trabalham em consonância com a cultura corporativa moldada inicialmente por você, o responsável por inspirar todos a seguirem em frente dentro de princípios e valores entendidos e praticados por toda a equipe.

Aumente a produtividade da equipe promovendo almoços coletivos

A hora do almoço é sagrada para qualquer funcionário em grandes ou em pequenas empresas. Alguns costumam, inclusive, levar a própria refeição de casa, seja com o objetivo de economizar ao não comer em restaurantes ou por seguir uma dieta específica.

Em empresas de certo porte há ainda os refeitórios, onde muita gente se encontra no horário do almoço. Alguns reclamam das filas, enquanto outros adoram o momento de encontrar aqueles com os quais a convivência diária não é tão frequente.

Como se trata de algo tão trivial e natural, poucos prestam a atenção e refletem sobre quão importante e interessante pode ser o horário do almoço para o desempenho do trabalho de sua equipe na empresa.

Como hoje em dia a palavra de ordem nas empresas é a produtividade, muita gente mal aproveita esse momento para interagir, relaxar e conviver em harmonia com as pessoas com as quais trabalha.

Isso ocorre, entre outros motivos, devido à crença de que o importante é alimentar-se sem delongas e rapidamente voltar para o seu local de trabalho para dar conta das tarefas do dia.

Pensando nisso, pesquisadores liderados por Kevin Kniffin, da Universidade de Cornell, nos Estados Unidos, estudaram os efeitos no desempenho da equipe quando as pessoas passam a comer em conjunto.

Eles constataram, por exemplo, que bombeiros que comem juntos fazem o seu trabalho em equipe melhor do que aqueles que não se alimentam juntos.

Isso foi verificado após visitarem 13 departamentos de bombeiros em uma cidade norte-americana de médio porte, conversando com 395 pessoas (capitães e tenentes) da força de combate a incêndios.

Os dados mostram que o comportamento cooperativo foi cerca de duas vezes maior entre os membros da equipe que comeram uns com os outros do que entre aqueles que não o fizeram.

Segundo os pesquisadores, essa atitude reforça o comportamento cooperativo da equipe, já que eles convivem e contribuem uns com os outros em questões simples no horário do almoço e que depois serão levadas naturalmente ao ambiente de trabalho.

De fato, não é incomum perceber atitudes e debates objetivos, tais como planejamento (devido à restrição do tempo para o almoço), definição do orçamento (quanto vamos gastar hoje?) e o local da refeição, entre outros.

Se você é empreendedor ou lidera equipes em sua empresa, ou mesmo se relaciona muito com equipes em seu trabalho, procure estimular tais encontros coletivos e analise o resultado.

Eu já fiz isso e, realmente, o resultado final do trabalho em equipe passa a ser muito melhor. Que tal tentar, caso ainda não o tenha feito?

Brainstorming on-line traz ideias mais criativas do que reuniões tradicionais

Uma das técnicas para estimular a criatividade das equipes nas empresas e que praticamente todos no mundo empresarial conhecem pode ser reinventada para obter resultados mais eficazes. Trata-se da inovação do tradicional *brainstorming,* ou "chuva de ideias".

Segundo Tomas Chamorro-Premuzic, que escreve para o *site* da *Harvard Business Review*, sessões de *brainstorming* realizadas *on-line* geram mais ideias de alta qualidade que as sessões tradicionais.

Ele ainda argumenta que as sessões *on-line* produzem mais ideias criativas por pessoa e geram ideias que evocam níveis de satisfação mais elevados do que o *brainstorming* tradicional, realizado cara a cara e com todos os participantes no mesmo ambiente.

Em seu estudo, Tomas identificou que o desempenho criativo das pessoas no *brainstorming* virtual melhorou em 50% em relação ao tradicional, basicamente por três razões: não é suscetível à dominação por indivíduos poderosos, permite sentimentos de anonimato e aumenta a diversidade de ideias.

Para quem achava que o *brainstorming* já não tinha nada de inovador, cabe tentar colocar em prática uma sessão de *brainstorming* virtual para estimular as equipes a resolver problemas e contribuir na criação de novos produtos e serviços.

A técnica de *brainstorming* é simples de ser executada e pode ter variações, mas uma receita padrão descrita em meu livro *Empreendedorismo: transformando ideias em negócios* seria:

1. Ninguém pode criticar outras pessoas do grupo e todos estão livres para expor as ideias que vierem à cabeça, mesmo que aparentemente pareçam absurdas.
2. Quanto mais rodadas entre os participantes, melhor, pois serão geradas mais ideias. E sempre, em cada rodada, todos os participantes devem dar uma ideia a respeito do tópico em discussão.
3. Podem-se dar ideias baseadas em ideias anteriores de outras pessoas. Essas combinações são bem-vindas e podem gerar bons resultados.
4. A sessão deve ser divertida, sem que haja uma ou outra pessoa dominando. Apenas deve ser garantido que todos participem, sem restrições.

Se você já não dava tanta atenção ao *brainstorming* tradicional, não gosta de se expor perante os demais integrantes, ou ainda, se busca algo diferente para estimular sua equipe a ter ideias mais criativas, testar a versão *on-line* é relativamente simples.

Já quanto aos resultados, se, de fato, o *brainstorming on-line* é mais eficaz que o tradicional, só praticando e comparando para saber.

Demitir para contratar pessoas com salários mais baixos prejudica negócio

Em tempos de crise, o empreendedor busca reduzir ao máximo os custos de sua empresa, cortando gastos de toda natureza. Uma estratégia comum nesse sentido é a demissão de funcionários e a contratação de novos empregados com salários mais baixos.

O que aparentemente parece normal, pois em crise não se questiona muito as decisões justamente pelo fato de todos estarem em busca de oportunidades de trabalho com mais estabilidade aparente, na verdade, mostra-se um equívoco perigoso.

Uma pesquisa realizada por Jason L. Brown e Patrick R. Martin, da Universidade de Indiana, mostrou que quem está sendo contratado fica frustrado ao saber que seu salário é menor que o de outros colegas mais antigos de empresa com a mesma função.

Além disso, constatou ainda que os empregados mais antigos também ficaram menos motivados para realizar suas funções.

Com isso, a estratégia de cortar custos reduzindo salários dos novos contratados, que a maioria dos empreendedores emprega em tempos de crise, pode se mostrar extremamente equivocada para a longevidade da empresa.

Isso porque, segundo os pesquisadores, esses salários mais baixos não levam à melhoria da lucratividade da empresa, uma vez que a decisão de contratar novos trabalhadores com salários mais baixos faz com que ambos, trabalhadores, novos e atuais, se esforcem menos.

Eles alegam ainda que a contratação de trabalhadores com salários mais baixos diminui consideravelmente o bem-estar social e, dessa forma, deteriora o ambiente de trabalho, gerando consequências danosas para a empresa.

Essas consequências não intencionais sugerem que as empresas devem considerar de maneira mais criteriosa os eventuais ganhos com cortes salariais ao decidir se desejam substituir alguns trabalhadores por outros ganhando salários mais baixos.

Uma alternativa que alguns empreendedores têm empregado justamente para evitar penalizar tanto os empregados atuais como os novos é uma parceria ganha-ganha pelo compromisso com os resultados do negócio.

Quando o empreendedor propõe a retribuição pelo esforço dos funcionários com a participação nos lucros futuros, mesmo que o salário fixo seja menor que o praticado há algum tempo, pode-se criar um ambiente de trabalho produtivo e propenso à superação da crise.

Aos empreendedores que não dividem o bolo e aos muitos funcionários que buscam estabilidade e não gostam de arriscar, fica o recado. Será que não vale a pena aderir a um novo modelo de contrato empregador-empregado, que cada vez mais tem se tornado a prática vigente?

Deixe seus funcionários tirarem uma soneca depois do almoço

Qual seria a agenda de trabalho ideal, que aumente a produtividade dos funcionários? Muitos líderes de equipes tentam estratégias as mais variadas para tirar o máximo de seu time. E fazer o pessoal dormir durante o expediente pode ser uma saída.

Segundo Christopher M. Barnes, se você quiser maximizar o desempenho ou a produtividade de seus funcionários, considere os ritmos circadianos (que envolvem as 24 horas do nosso relógio biológico) ao definir atribuições, prazos e expectativas.

Ele argumenta que as tarefas mais importantes devem ser feitas quando as pessoas estão em picos de estado de alerta. Isso ocorre geralmente por volta do meio-dia e às 18h.

Já as atividades menos importantes devem ser agendadas quando o estado de alerta está menos evidente (logo no início do dia de trabalho e por volta das 15h).

Um erro aparente que muitos cometem, principalmente executivos e empreendedores em posição de liderança, é atribuir atividades rotineiras em excesso aos funcionários logo na parte da manhã, tais como enviar diversos *e-mails* sobre assuntos de toda natureza e prioridade.

Isso faz com que as tarefas mais importantes só sejam priorizadas ao longo do dia ou na parte da tarde, criando um efeito contrário ao desejado inicialmente, já que por volta das 15h a produtividade geralmente cai.

Barnes argumenta que, em vez disso, você deveria permitir que sua equipe tirasse cochilos programados em torno das 15h. Esses cochilos podem ser uma boa maneira de regular a energia e aumentar a vigilância, levando ao aumento da *performance*.

Assim, os funcionários podem recarregar as energias em um momento que estão ainda se recuperando do pós-almoço, preparando-se para tarefas importantes que podem ser executadas em seguida, já que eles estarão novamente em alerta durante o próximo momento de alta de seus ritmos circadianos.

Naturalmente, isso talvez funcione para pessoas que trabalham em horários típicos das 8h às 18h, algo cada vez menos padronizado nos dias atuais. Há pessoas que trabalham à noite, em horários alternativos, de casa, em finais de semana, em turnos etc.

No caso dos empreendedores com equipes sendo criadas em *startups*, talvez seja difícil colocar tal ideia em prática, pois a dinâmica de tais negócios exige vigilância quase contínua.

Já dizia Peter Drucker, um dos principais autores da área de administração e gestão, que cada pessoa deveria se perguntar como e quando ela se sente mais produtiva. Alguns preferem se dedicar a tarefas mais críticas de manhã, outros à tarde, por exemplo.

Promover o casamento entre o trabalho e suas próprias percepções quanto à produtividade pessoal talvez deva envolver mais que regras de cochilos programados. Mas se tal empreitada for possível de implementar com suas equipes, por que não tentar?

Incentivo social tem mais impacto na produtividade do que alta no salário

Em momentos nos quais as empresas precisam de mais resultados, enxugar custos e aumentar a produtividade, o que muitos empresários fazem é dar incentivos aos funcionários, principalmente com aumentos de salário variável, bônus e prêmios. Mas há outros caminhos mais eficazes.

Em um experimento, metade dos estudantes universitários que foram contratados para realizar uma tarefa entediante e repetitiva – alimentar um banco de dados com informações bibliográficas – mostraram-se dispostos a sacrificar parte dos seus ganhos para aumentar as doações de seu empregador para a caridade (associações, ONGs etc.).

O estudo foi realizado por Mirco Tonin e Michael Vlassopoulos, da Universidade de Southampton, no Reino Unido. Além disso, os pesquisadores identificaram que os incentivos sociais aumentam a produtividade média dos trabalhadores em 13%.

Segundo os pesquisadores, tais incentivos fazem com que os funcionários se identifiquem mais com o trabalho.

Naturalmente, deve haver um casamento entre os valores pessoais dos funcionários com os da empresa, ou seja, pessoas mais altruístas entendem que colaborar com entidades de caridade é algo positivo.

Isso implica atrair para a empresa, desde o início, funcionários que pensam como os donos, desde que esses também sejam adeptos de ajudar ao próximo.

Já apenas usar incentivos sociais momentâneos como artifício para aumentar a produtividade pode ser até prejudicial, caso os funcionários entendam que se trata de uma estratégia deliberada que não visa, de fato, ajudar os outros.

Nota-se, principalmente nos mais jovens, anseios de mudar o mundo, de buscar um local de trabalho mais harmônico e, principalmente, encontrar empregadores que tenham uma visão e valores compatíveis com os seus.

Muitos desses jovens, inclusive, têm se dedicado como nunca ao terceiro setor, pois buscam a felicidade no trabalho e a sensação de fazer algo que seja útil para si e para os demais como um mantra a ser seguido para a vida.

Paradoxalmente, no mundo corporativo, o desafio das empresas mais bem estabelecidas é o de perpetuar seu domínio nos mercados onde atuam, e muitas o fazem de maneira predatória, sem medir consequências.

O empreendedorismo socialmente responsável pode ser o caminho para uma sociedade mais justa e igualitária, mas para isso os empreendedores precisam não só pensar grande, como pensar em distribuir a riqueza que conquistam. Quem faz isso afirma que é mais feliz.

Conheça os benefícios de fazer reuniões caminhando ao ar livre

Uma tendência que parece ter vindo para ficar é a prática de reuniões fora do ambiente de trabalho, principalmente quando executivos(as) optam por caminhar ao ar livre. Para quem ainda é cético quanto à ideia, cabe conhecer os benefícios que ela proporciona para, quem sabe, mudar de ideia.

Steve Jobs era um grande adepto das reuniões realizadas fora do ambiente de trabalho, fazendo longas caminhadas com os executivos da Apple para discutir assuntos estratégicos. Seu hábito ficou conhecido mundialmente pelos livros, documentários, artigos etc.

Naturalmente, ele não era e não é o único a fazer tais reuniões. Isso porque há benefícios óbvios; entre eles, a prática de uma atividade física simples e que evita o sedentarismo. Mas pesquisas mostram que há ainda mais aspectos positivos nessa iniciativa.

Segundo Russell Clayton e seus parceiros de pesquisa, as reuniões feitas com caminhadas estimulam o pensamento criativo, são mais produtivas e proporcionam conversas com teor maior de clareza ou objetividade.

Para aqueles entediados com o ambiente corporativo, salas fechadas e reuniões tensas, trata-se talvez de uma alternativa à saída para o café perto do escritório, algo que já é comum, principalmente nas grandes cidades.

Isso, aliás, é algo que eu pratico muito, pois além de gostar de um bom café, prefiro conversar com as pessoas, sejam da minha equipe ou clientes e parceiros, fora do ambiente da empresa.

Já há um bom tempo, tenho sido outro adepto das reuniões fazendo caminhadas, mesmo sendo algo difícil de praticar em São Paulo, devido aos poucos parques que temos disponíveis.

Eu posso afirmar que, de fato, as reuniões com caminhadas são mais interessantes que as reuniões tradicionais, sabendo, obviamente, que há restrições, principalmente quando se precisa anotar muita coisa.

De qualquer forma, para os interessados em começar a praticar as reuniões com caminhadas, aqui ficam as dicas dos pesquisadores, para que sejam mais produtivas:

- Inclua um destino extracurricular, ou seja, ao propor um local alvo para se chegar a caminhada passa a ter um incentivo extra.
- Evite adicionar calorias desnecessárias. A reunião que termina com a ingestão de muitas calorias pode ser prejudicial à saúde. Mas também não precisa exagerar nas restrições, pois ninguém é de ferro.
- Priorize grupos pequenos. Essas reuniões são mais produtivas com duas ou três pessoas.
- Divirta-se. Aproveite o ar fresco (por isso, o ideal são os parques). A pesquisa também descobriu que as pessoas que fazem reuniões caminhando afirmam estar mais satisfeitas no trabalho.

Como se vê, a ideia pode ser uma boa prática e que traz muitos benefícios. Que tal tentar?

Escolha bem os primeiros funcionários de sua empresa

Todo empreendedor, após ter clareza do negócio que vai criar e decidir colocar em prática seu sonho, precisa montar a equipe inicial que dividirá com ele o desafio de tirar do papel a ideia de negócio.

Trata-se de uma atividade aparentemente simples, mas que pode definir o futuro do negócio. Se a equipe inicial não estiver em consonância com o que pensa o dono, o negócio tende a fracassar muito rapidamente.

Isso porque a cultura corporativa se molda a partir dos primeiros funcionários da empresa. E eles precisam estar em sintonia, acreditar no modelo de negócio, confiar uns nos outros, mostrar comprometimento e sede de crescer.

Não é raro que conflitos ocorram muito rapidamente em qualquer negócio. Para evitar que isso se torne rotina, as reuniões iniciais com todo o time e a discussão do modelo de negócio devem ser prioridade antes de qualquer análise de processos operacionais.

Aos funcionários precisa ficar claro qual é a estratégia da empresa e, mesmo que não concordem 100%, precisam se mostrar interessados em testar o modelo. Isso porque nenhum modelo conceitual ou estratégia é infalível e só se mostrará viável ou não após colocado em prática.

Em conversa com empreendedores que estão estruturando seus negócios, observo que os dilemas iniciais de muitos deles são parecidos.

E, por incrível que pareça, convencer a equipe inicial e ter um time coeso e em consonância com o pensamento dos sócios é um desafio que se apresenta à maioria dos negócios em formação.

Um deles me disse claramente "O mais difícil é a venda interna", ou seja, que vender para os clientes aparentemente é até mais simples que vender uma ideia para um time que não está em sintonia com os donos.

Conforme o negócio cresce, se esse tipo de situação se perpetua, os desafios se tornam quase intransponíveis. As empresas perdem tempo e dinheiro em discussões internas e muitos negócios chegam a quebrar influenciados fortemente por tal situação.

O recado que fica aos empreendedores que estão estruturando um negócio agora é colocar metas para o time logo de início e sentir se estão realmente dispostos a tentar ir atrás.

Você deve ainda lembrá-los que todos estão no mesmo barco, que você e seus sócios acreditam no modelo e querem testá-lo, mesmo sabendo que podem errar.

Isso é o que fazem os grandes empreendedores. Não se prendem a premissas preconcebidas ou modelos claramente testados.

Eles querem inovar e fugir do lugar comum. E, quando o fazem, correm riscos, contrariam o óbvio e, se a equipe não estiver em ressonância, pensando na mesma frequência, talvez seja melhor buscar novos integrantes para a fase inicial do negócio.

O poder do sorriso para engajar equipes e resolver problemas

Sorrir é um remédio poderoso. E nós sabemos disso intuitivamente. No mundo dos negócios, porém, nem sempre o sorriso é visto como um ingrediente que pode aumentar a *performance* das equipes.

No mundo corporativo, umas das atividades mais maçantes que se tornaram quase unanimidade quanto à sua falta de eficácia são as inúmeras reuniões das quais as pessoas precisam participar.

Além de passar a sensação de perda de tempo, muita gente também fica mal-humorada e pensando em outras atividades que precisam ser concluídas.

O foco deixa de existir. A ansiedade e o mau humor não raro se tornam presentes no dia a dia mesmo ao final da reunião.

Algumas pessoas conseguem se safar dessas armadilhas sorrindo. E fazem isso naturalmente. Outras precisam de algum estímulo. O fato é que pesquisas mostram que o sorriso pode, inclusive, aumentar a *performance* das equipes durante as reuniões.

Isso foi constatado por Nale Lehmann-Willenbrock, da VU University Amsterdam, e Joseph A. Allen, da University of Nebraska, ao analisarem 54 equipes em duas organizações industriais da Alemanha.

Ao analisar times de pessoas que experimentaram interações humorísticas durante reuniões, tais como uma piada, seguida de risadas que levaram a outra piada, constataram que suas avaliações de *performance* quanto ao atingimento de objetivos foram consideradas mais positivas na visão dos supervisores.

A razão aparente é que as interações humorísticas desencadeiam comportamentos de resolução de problemas importantes, inclusive estimulando os membros das equipes a discutir sobre novas ideias.

A natureza interativa do humor é importante, pois o efeito se torna nulo sobre o desempenho dos grupos quando uma piada não é seguida de gargalhadas por outros membros da equipe, bem como não estimula uma nova piada e novas risadas.

O fato é que a sensação de quebrar o gelo, proximidade, descontração, podem, sim, engajar as pessoas a trabalhar com menos restrições em grupo e baixarem a guarda, ou seja, não ficarem tanto na defensiva.

O interessante é que o resultado foi constatado em uma pesquisa com alemães, estereotipados por serem sérios. Já para os brasileiros, irreverentes por natureza, será que tal constatação também se aplicaria?

Sorrir faz bem, mas sorrimos pra valer quando algo espontâneo acontece e isso contagia quem está à sua volta, sejam brasileiros ou estrangeiros.

Pense a respeito das reuniões das quais participa e nas que ainda participará nos próximos dias. Talvez caiba uma piada, mas se for sem graça e não causar reação nos demais participantes, o resultado pode ser contrário ao imaginado.

Como estimular corretamente a criatividade dos funcionários

O tema não é novo, mas a necessidade de tratar do assunto criatividade está cada vez mais em evidência nas empresas. Isso porque se acredita que pessoas mais criativas são as que mais inovam.

Mas muita gente não se considera criativa e, por isso, também acha que não pode inovar. Na verdade, a relação entre criatividade e inovação não é total. Há inovações que surgiram por puro acaso.

Isso não significa que ficar esperando pela inovação é a melhor solução quando uma empresa precisa se diferenciar no mercado e crescer.

Hoje em dia, está claro para as organizações que a inovação pode e deve ser sistematizada. E uma das regras dessa sistematização é a criação de ambientes e processos que estimulem a criatividade dos funcionários.

Com isso, eles estarão mais aptos a sugerir novas ideias e projetos que possam se tornar realidade.

Porém, só a criação de ambientes descontraídos talvez não seja suficiente. Há um impacto bastante positivo na criatividade das pessoas quando são estimuladas adequadamente para ter novas ideias.

Isso foi o que constatou Justin M. Berg, da The Wharton School. Em uma série de experimentos, a criatividade das pessoas foi afetada pelo tipo de material ao qual foram expostas inicialmente.

Por exemplo, estudantes que foram questionados para ter ideias de novos produtos para uma livraria na faculdade tiveram muito mais ideias que eram avaliadas como criativas quando foram expostos inicialmente a uma vara de pescar em vez de um quadro branco.

Por outro lado, as sugestões de novidades tendem a ser de produtos mais práticos e úteis, quando o estímulo inicial é feito com algo menos inovador ou mais padronizado.

A conclusão é que o estímulo inicial influencia no resultado criativo. Parece algo simples, mas é de extrema relevância quando se quer criar programas de inovação em empresas.

As pessoas precisam saber qual a expectativa da empresa (ou de seus gestores/donos) quanto à demanda de inovação. O que se está buscando? O que se espera de cada um?

Apenas dizer que precisamos de mais e mais inovação sem mostrar exemplos ou deixar tangível onde se quer chegar pode gerar muita informação, ideias etc., mas que não necessariamente serão aproveitadas pela empresa.

Isso pode causar, inclusive, frustação dos funcionários, já que sua criatividade não foi devidamente aceita no ambiente de trabalho. E nesse caso, o que era para ser um incentivo, acaba sendo visto como uma punição.

Premiação a executivos não é boa para empresas

Não é incomum executivos do alto escalão que atingem *performances* relevantes serem premiados por suas empresas, por seus pares em instituições de classe e até em eventos com fins sociais. Mas esse afago no ego pode ser prejudicial às empresas.

Uma pesquisa conduzida por Ulrike Malmendier e Geoffrey Tate mostrou que empresas geridas por *chief executive officers* (CEOs) que tenham sido premiados acabam por ter significante declínio no preço das ações e retorno sobre os ativos. Além disso, essas empresas encontram dificuldades em ganhar participação de mercado nos três anos seguintes a tais premiações.

Após o CEO ser premiado, ele acaba dedicando muito tempo a atividades que aumentem ainda mais seu prestígio. Essa atitude, comum entre os CEOs premiados, pode distraí-los de sua principal função, que é liderar a equipe para atingir mais resultados. Os pesquisadores identificaram ainda que a probabilidade do CEO premiado escrever um livro praticamente dobra após tais premiações.

Apesar dos dados serem relatados para o contexto norte-americano, no qual é comum executivos e empreendedores serem premiados em suas comunidades, isso pode ocorrer com executivos de qualquer país, inclusive daqui.

Uma possível e quase evidente explicação para tais achados é que todo mundo gosta de ser reconhecido por seus esforços bem-sucedidos, mas talvez para alguns isso infle demais o ego, o que também não é incomum no caso dos empreendedores.

Trazendo para a realidade do empreendedor do negócio próprio, é sabido que leva algum tempo para que uma empresa atinja resultados relevantes e possa ser considerada um negócio de sucesso.

Premiar é uma maneira já comprovada de reconhecer e motivar, mas massagear o ego em excesso pode ser mais prejudicial que benéfico não só à empresa, mas ao próprio profissional. A pergunta que fica é como evitar o efeito colateral da premiação.

Por outro lado, as pessoas que atingem resultados relevantes como gestores talvez tenham chegado ao pico de suas possibilidades e, naturalmente, o próximo ciclo pode ser de resultados menos convidativos.

Será que os executivos de alta *performance* não deveriam buscar novos desafios em vez de continuar a gerir algo que já dominam?

Intuitivamente, os empreendedores mais experientes já fazem isso ao criar novos projetos e negócios após grandes sucessos, mesmo sabendo que há riscos na empreitada.

O curioso é que muita gente acaba por rotular tal atividade de maluca, uma vez que muitos começam do zero em novas iniciativas, dando a cara para bater e nem sempre conseguindo o mesmo sucesso do passado.

Mas essa é a natureza do espírito empreendedor, a busca pelo novo, pelo diferente, pelo desafio de sair de uma situação de conforto e tentar vislumbrar novos horizontes.

Pessoas são ativo mais importante de um negócio

A partir da observação de empresários brasileiros, é possível destacar verdades que ajudam a entender o que é ser empreendedor e quais os erros comuns cometidos por ele. Conheça algumas dessas verdades:

"Nenhum homem é uma ilha isolada"

A frase dita pelo poeta inglês John Donne serve de orientação para empresários, pois não há negócio bem-sucedido que seja alicerçado em um único personagem. Por mais que o líder empreendedor seja o principal garoto-propaganda da empresa, sozinho não se constrói o futuro do negócio.

Ao se isolar do mundo, o empreendedor se distancia do mercado, das pessoas que poderiam contribuir para o seu sucesso e deixa de gerar valor à sociedade. O trabalho em equipe é essencial e por isso pessoas são o ativo mais importante do negócio, e não o dinheiro.

Todos precisam de modelos de referência

Os empreendedores se espelham em modelos de referência. Esses modelos não são necessariamente pessoas famosas ou empreendedores conhecidos. Podem ser empreendedores da sua cidade, região etc.

Pessoas próximas do empreendedor, como familiares, pais e avós, exercem grande influência na sua maneira de pensar e agir. Para eles, é cativante ouvir, ver, conversar sobre personagens que superaram grandes desafios e tornaram-se bem-sucedidos em suas áreas de atuação. Isso os inspira e ajuda a moldar o seu próprio comportamento empreendedor, suas crenças e valores.

O ambiente muda o perfil do empreendedor

O perfil do empreendedor pode mudar e ser formatado e aperfeiçoado a partir de sua interação com o ambiente onde vive. Na escola, na faculdade, na empresa, no círculo social, no ambiente familiar.

As experiências vividas pelo indivíduo ajudam a moldar o seu perfil, e se o ambiente onde esse empreendedor se insere for propício ao empreendedorismo, suas chances de prosperar aumentam significativamente.

É preciso ter planejamento para obter resultados

Muitos empreendedores não desenvolvem um plano de negócios formal. Isso não significa que não planejem. O planejamento tradicional, por meio de um plano de negócios, tem seu papel e é fundamental em vários negócios.

Mas há ainda o planejamento *efectual* que se baseia em um sonho claro, com várias possibilidades ou rumos para seguir. O fato é que planejar de maneira tradicional ou não ajuda o empreendedor a obter resultados.

A atividade empreendedora é um caos controlado, principalmente no início do negócio, e os resultados têm mais chances de aparecer quando se planeja.

Planejar em equipes de três pessoas traz mais resultados

O planejamento de um negócio é tarefa árdua, que leva semanas ou até meses para ser concluída. Há quem diga que, na verdade, essa tarefa pode não ter fim, caso não seja estipulado um prazo final. Mas quem deve planejar na empresa? Apenas o empreendedor?

Como o planejamento demanda informações estratégicas que muitas vezes o empreendedor não gostaria de ver compartilhadas com muitas pessoas, não é raro encontrar empreendedores dedicando-se de maneira isolada ao plano de longo prazo de sua empresa.

O que aparentemente pode ser visto como uma proteção de informações ou segredos importantes, por outro lado pode levar a resultados pífios. E há pesquisas mostrando que existe um número mágico de pessoas que o empreendedor deve envolver nessa tarefa.

O plano de longo prazo pode ser mais bem-feito se envolver mais de uma pessoa, mas também não deve envolver inúmeras pessoas. O número mágico encontrado pelos pesquisadores liderados por Steffen Keck, do Insead, é três.

Eles chegaram a essa conclusão após uma série de experimentos que envolviam escolhas e possibilidades, a partir do uso de quantias exatas de dinheiro e ainda aplicando vários tipos de jogos.

A principal preocupação dos pesquisadores era comparar o planejamento feito por apenas um indivíduo com aqueles feitos por grupos ou equipes.

No caso dos planejamentos feitos em grupos, há maior neutralidade em relação à ambiguidade do que no caso dos planos feitos por uma só pessoa. Os grupos têm menos aversão à ambiguidade, e isso pode levar a decisões mais claras e equilibradas.

Isso sugere que as equipes podem lidar melhor que os indivíduos em tarefas que envolvam probabilidades imprecisas, como é o caso do planejamento. Por mais bem feito que seja, sempre haverá variáveis incontroláveis.

Essas variáveis, quando analisadas de maneira individual, podem induzir a mais erros que nos casos de grupos, uma vez que há pessoas mais otimistas que outras e isso pode definir um plano mais ou menos ousado, usando apenas a intuição.

Aliás, é muito comum encontrar planos de negócios de empreendedores superanimados com as projeções de receita crescentes para a empresa. Quando questionados sobre as premissas que utilizaram para chegar ao resultado, muitos dizem que se basearam na experiência!

Quando o plano é feito em grupo, talvez essa tendência de exagerar nos números seja mais bem controlada antes de apresentar o plano a interlocutores externos, tais como investidores, por exemplo.

Fica a dica: se você estiver elaborando o plano de negócios de uma nova empresa ou mesmo de uma empresa já existente, cabe o envolvimento de mais duas pessoas-chave para que o seu plano saia mais realista. Talvez, com isso, haja mais chances de ser colocado em prática!

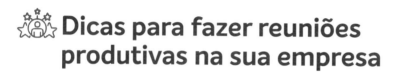 Dicas para fazer reuniões produtivas na sua empresa

Um dos vícios do mundo corporativo que você deve evitar em sua empresa é o excesso de reuniões. Fazer reuniões é necessário no mundo dos negócios, pois são encontros organizados com o intuito de se discutir assuntos com pessoas envolvidas em determinado processo e tomar decisões.

O problema ocorre quando as reuniões são feitas para discutir todo e qualquer assunto e não tem um objetivo claro a ser atingido. Isso leva à perda de tempo de todos, burocracia em excesso e a descrença nos resultados da reunião.

Normalmente as reuniões são de até uma hora, têm um preâmbulo, depois o tópico principal é discutido e os participantes discorrem sobre o tema com suas opiniões, até se chegar a uma conclusão.

Reuniões produtivas podem ser feitas até em 30 minutos ou menos, mas para isso todos os envolvidos devem ser objetivos e não buscar um motivo para tratar de outros assuntos alheios ao tópico da reunião.

As reuniões se tornam produtivas quando algumas premissas são seguidas. Em sua próxima reunião, procure aplicar alguns dos oito princípios aqui apresentados e tire suas próprias conclusões.

- Defina um horário para o início e o fim da reunião.
- Defina o objetivo da reunião e o que se buscará de resultado ao final.
- Defina antecipadamente e envie a todos os participantes a agenda do que será discutido na reunião e o papel de cada participante.
- Evite reuniões com mais de seis pessoas. O processo se tornará moroso e a reunião passará a ser mais uma plenária, e não um ambiente para tomada de decisões objetivas.
- Se você propôs a reunião, assuma a liderança do encontro e não permita conversas paralelas ou desvio de foco.
- Solicite a todos os participantes para desligarem celulares e demais aparelhos de comunicação para ficarem atentos à reunião.
- Ao final da reunião, faça um resumo das decisões tomadas ou solicite a alguém para fazê-lo.
- Sistematize esse resumo em forma de ata (objetiva) e envie a todos os participantes, com as principais decisões tomadas na reunião e os próximos passos, prazos, responsáveis etc.

Conheça ações que ajudam a atrair e reter talentos para a sua empresa

Quando a economia cresce e há boa oferta de empregos pode ser até mais difícil para o empreendedor encontrar bons profissionais. Se você conversar com empreendedores do negócio próprio sobre a carência de mão de obra qualificada e comprometida, a maioria com certeza concordará que o momento atual se mostra de extrema dificuldade ao empreendedor para atrair e reter talentos.

Todo empreendedor deve entender que bons profissionais não são encontrados apenas por meio de anúncios de emprego em jornais, *websites* ou contratando empresas especializadas na busca e seleção de funcionários.

Esses profissionais precisam de tempo para se adaptar à empresa e mostrar o seu potencial. Hoje em dia, pelo fato de as empresas terem uma pressão incomum, querem resultados rápidos e nem sempre estão dispostas a aguardar pelo desenvolvimento das pessoas.

Por outro lado, muitos profissionais não têm paciência de esperar a hora certa para serem promovidos e crescer na organização. Assim, mudam de emprego com mais frequência. Isso tem sido particularmente comum com profissionais mais jovens.

Se é tão difícil a empresa achar o profissional correto e vice-versa, algumas dicas são essenciais para auxiliar na busca e retenção de talentos:

- Não há profissional ideal, então lembre-se que sempre a pessoa escolhida terá defeitos ou pontos fracos (técnicos ou de gestão). O importante é perceber se essa pessoa está disposta a aprender e desenvolver seu potencial.
- *Networking* é importante não apenas pela indicação, mas por permitir a você conversar em detalhes com o seu contato sobre a pessoa indicada. Não tenha vergonha de fazer perguntas pessoais e diretas, pois você precisa conhecer a fundo o profissional que quer trazer para a empresa.
- O grande laboratório pode ser o programa de estágio. Dê chances aos seus estagiários, mostrando que se quiserem poderão trilhar um caminho vitorioso na empresa. Não mostre este caminho como imperativo, mas como alternativa. Alguns rapidamente desistirão e partirão para outra empresa, mas os que se sentirem motivados e compartilharem a mesma visão buscarão agarrar a chance. Exemplos de estagiários que conseguiram virar sócios geralmente podem ser uma grande inspiração.
- Dê um desafio ao contratado e permita que ele/ela desenvolva seu perfil empreendedor desde o início.

Equipes menores são mais rápidas

Uma tendência nas grandes empresas é a formação de grupos de trabalho com poucas pessoas para realizar um projeto. Isso tem levado pesquisadores a estudar maneiras mais eficazes de se otimizar tempo e recursos das organizações para que os processos sejam executados.

Já os empreendedores aprendem na prática que o trabalho em equipe é essencial para construir uma empresa duradoura, pois sozinho não se vai longe. Mas qual seria o tamanho ideal de uma equipe?

Tendo esse desafio em mente, os pesquisadores Bradley R. Staats, da Universidade da Carolina do Norte, Katherine L. Milkman, de Wharton, e Craig R. Fox, da UCLA, desenvolveram um estudo buscando chegar ao número ideal de uma equipe, tendo como principal objetivo a conclusão da tarefa de forma correta e no menor espaço de tempo, ou seja, avaliando apenas o quesito tempo.

Eles aplicaram o mesmo teste diversas vezes com equipes de duas pessoas e com mais componentes no time. O teste consistia em montar uma figura humana com 50 peças de Lego.

As equipes formadas por duas pessoas levaram em média 36 minutos para concluir a tarefa, enquanto equipes com quatro pessoas, por exemplo, levaram em média 52 minutos para concluir o mesmo desafio.

Apesar das restrições e limitações da pesquisa, os estudiosos concluíram ainda que as pessoas tendem a consistentemente subestimar o tempo adicional demandado por times maiores, devido a erros de previsões que crescem conforme os times também crescem.

Além disso, aumentar o tamanho de um time pode dificultar a coordenação, diminuir a motivação da equipe e aumentar os conflitos. De fato, se você já participou ou observou o mesmo trabalho sendo feito por equipes de tamanhos diferentes, verá que os pesquisadores não estão errados.

Para quem está empreendendo o negócio próprio, na fase inicial da empresa é natural sonhar alto e buscar crescer cada vez mais rápido para levar sua empresa ao sucesso.

Conforme a empresa cresce, mais pessoas são contratadas e alocadas em funções específicas, bem como se envolvem em diversos projetos com outros funcionários.

Muitos gestores de projetos às vezes reclamam que não conseguirão entregar os resultados no tempo previsto por falta de pessoas no time. Como mostrou a pesquisa, nem sempre este é, de fato, o problema principal.

Equipes menores bem geridas podem obter resultados incríveis. Se você conseguir fazer sua empresa crescer mantendo a cultura de pequena empresa, em que as pessoas devem ter iniciativa para resolver tarefas com a ajuda de poucos outros integrantes, poderá otimizar os resultados do seu negócio no futuro.

O desafio aqui é criar processos de gestão que sejam aplicados e seguidos por todos e ter nas equipes pessoas com perfil empreendedor (iniciativa, autonomia, comprometimento, planejamento e cumprimento de metas, criatividade, realização etc.) para desempenhar todas as etapas de um projeto.

Pense nisso na próxima vez que tiver de alocar pessoas para a realização de um projeto ou mesmo tarefas de menor porte em sua empresa.

PARTE 3
Empreendedorismo jovem

A influência dos pais no perfil empreendedor

Pais empreendedores necessariamente criam filhos que serão empreendedores? Filho de peixe peixinho é? Este é um tema muito debatido quanto se fala em educação empreendedora: o empreendedor pode ser formado ou herda esse dom naturalmente dos pais?

Há muita gente que acredita na tese de que os filhos seguem os passos dos pais quando o tema é empreendedorismo. Isso ocorre basicamente por observação e conhecimento de exemplos próximos na própria cidade ou comunidade e que comprovam a tese.

Porém, saber o quanto do espírito empreendedor dos pais é, de fato, herdado pelos filhos continua um mistério. Isso porque há exceções que comprovam a regra, ou seja, filhos que não seguem em nada o que os pais foram ou são.

Para tentar saber se a hereditariedade é mais importante que o ambiente onde os filhos são criados e os modelos de referência aos quais são expostos, três pesquisadores suecos desenvolveram um estudo inusitado, mas extremamente informativo.

Matthew J. Lindquist, da Universidade de Estocolmo, e dois colegas analisaram registros de crianças adotadas para saber se a influência dos pais biológicos era maior ou menor que a dos pais adotivos no seu potencial empreendedor.

Os resultados mostraram que crianças adotadas cujos pais biológicos eram empreendedores mostraram-se 20% mais propensas do que a população em geral para se tornarem empreendedoras. Mas a conclusão apenas com esse dado ainda não é suficiente.

Complementando o estudo, analisaram crianças adotadas logo após o nascimento e verificaram que o efeito dos pais adotivos sobre elas era mais que o dobro daquele dos pais biológicos: uma criança cujos pais adotivos incluem um empreendedor é 45% mais propensa do que o resto da população para, eventualmente, iniciar o seu negócio próprio.

As descobertas sugerem que os pais empreendedores funcionam como modelos para os seus filhos e que o ambiente onde vivem influencia mais essa tendência do que a hereditariedade. Mas ambos influenciam de alguma maneira.

Quando se questiona a educação empreendedora, imaginando que se trata de ensinar como empreender, comete-se um equívoco considerável, já que mais que ensinar a empreender, a educação empreendedora tem como papel principal mostrar o que os empreendedores bem-sucedidos fazem para obter resultados e, ainda, onde a maioria costuma errar.

Criar modelos de referência e entender como eles/elas pensam e agem fazem parte de qualquer currículo sério de educação empreendedora. Muito se aprende em casa, observando o que fazem os pais, mas também na sala de aula, conhecendo outros exemplos.

Porém, nada substitui a prática, ou seja, a educação empreendedora mostra o que os outros fazem e como fazem, mas não é suficiente para dizer que apenas observando e entendendo os outros você conseguirá ser um empreendedor de sucesso. Há que se colocar a mão na massa e arriscar transformar suas ideias em um negócio.

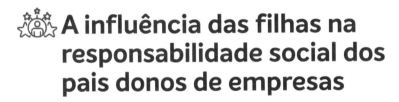

A influência das filhas na responsabilidade social dos pais donos de empresas

O papel dos presidentes de grandes empresas no mundo atual não se restringe apenas a trazer resultado financeiro para o negócio. Cada vez mais, a responsabilidade social das empresas geridas por eles é tida como uma métrica importante e muito discutida no mundo corporativo.

Devido a essa importância, há muitos estudos e *rankings* internacionais que buscam mensurar o nível de responsabilidade social das empresas e entender o que leva algumas se sobressaírem em relação a outras nesse quesito.

Um estudo inusitado, que analisou a responsabilidade social corporativa das empresas da lista S&P 500 (Standard & Poor's 500), mostrou que presidentes de empresas que possuem pelo menos uma filha tendem a gerir empresas com índice de responsabilidade social maior que aquelas geridas por presidentes sem filhas.

A pesquisa foi realizada por Henrik Cronqvist, da Universidade de Miami, e Frank Yu, da Escola de Negócio Internacional China-Europa. O resultado mostra ainda que se os presidentes possuem filhos homens, essa tendência não se apresenta tão acentuada.

O que mais chama a atenção é que, nesse caso, o que se está provando não é a influência dos pais sobre os filhos, mas o contrário, como a filha pode influenciar positivamente um comportamento socialmente responsável do pai.

Segundo os pesquisadores, os resultados de seu estudo estão em consonância com a literatura de pesquisas relacionadas a dados econômicos, de psicologia e sociologia, já que sugerem que as mulheres tendem a dar mais atenção e se preocupar mais com o bem-estar de outras pessoas na sociedade que os homens.

Assim, as filhas podem influenciar na intensificação desse tipo de atitude junto aos pais. O estudo, infelizmente, não mediu se o efeito das filhas sobre as mães é o mesmo, devido à amostra de presidentes mulheres no *ranking* S&P 500 ser muito pequena para a análise (apenas 14 mulheres presidentes do total de 379 presidentes participantes da pesquisa).

O intrigante desse estudo é que chega a ser surpreendente que essas pessoas muito poderosas – os presidentes das maiores empresas do mundo – possam ser influenciadas por seus filhos ou, no caso, as filhas.

O lado bom disso tudo é que essa influência é benéfica e faz com que as empresas por eles geridas preocupem-se mais com o bem-estar das pessoas e não apenas com o lucro.

Se você se preocupa com a responsabilidade social praticada pela empresa onde você trabalha ou pretende trabalhar, cabe saber se o presidente possui uma filha. Se ele possuir ao menos uma filha, a probabilidade de a responsabilidade social da empresa ser mais efetiva é maior.

Para jovens, trabalho árduo rende, mas sucesso não é medido com dinheiro

Quem nunca ouviu conselhos dos mais velhos dizendo que o segredo para se chegar ao sucesso na profissão é o trabalho árduo? Pois agora há pesquisas comprovando a sabedoria popular.

De acordo com um estudo realizado com milhares de trabalhadores norte-americanos por Dora Gicheva, da Universidade da Carolina do Norte, nos Estados Unidos, aqueles que trabalharam pelo menos cinco horas além da jornada habitual tiveram um aumento de pelo menos 1% no salário anual.

Parece pouco, mas a pesquisa analisa dados consolidados, ou seja, para alguns o aumento pode ter sido maior que isso. E o achado só é válido para quem trabalhou pelo menos 48 horas na semana. Quem trabalhou menos não teve mudança significativa no salário.

Outro fator que chama a atenção no estudo é que sua validade aplica-se aos jovens com educação formal de alto nível, ou seja, principalmente com nível universitário.

A conclusão simples e imediata que pode ser tirada do resultado do estudo é que os jovens não só devem estudar muito, mas trabalhar muito, principalmente no início de carreira. Algo aparentemente óbvio. Será?

O que se tem percebido mais recentemente, pelo menos de maneira informal, é que muitos jovens não só estão descontentes em seguir a carreira corporativa como querem ter mais qualidade de vida, ou seja, não querem passar os "melhores" anos da vida no trabalho.

Mesmo aqueles que optam pela carreira como empreendedor do negócio próprio não estão dispostos a abrir mão de tudo para focar apenas no negócio. Eles querem autonomia justamente para poder decidir quando, como e com que intensidade vão trabalhar.

Em conversas informais com empreendedores e executivos de sucesso, não só sobre o resultado do estudo, mas sobre a tendência de comportamento dos jovens, não notei unanimidade.

Há aqueles que continuam acreditando fortemente na fórmula **educação + trabalho árduo = sucesso,** e há alguns que dizem que o mundo mudou e os jovens precisam construir um novo modelo de capitalismo, mais consciente e não só focado no resultado financeiro.

O fato é que a transformação do mercado de trabalho está ocorrendo aos poucos e ninguém sabe, ao certo, o que ocorrerá no longo prazo. Muitos, porém, são enfáticos em afirmar que a equação futura para o sucesso incluirá cada vez mais o altruísmo.

Esse último fator geralmente era o último na lista das realizações dos mais bem-sucedidos, justamente quando tinham tempo para se dedicar aos outros, ou seja, quando o sucesso financeiro já tinha ocorrido em suas vidas.

Hoje, há muitos jovens invertendo a ordem e se dedicando totalmente aos projetos sociais, já em início de carreira. E não parecem estar tão preocupados com grandes ganhos financeiros. Só saberemos se fizeram ou não a escolha certa daqui a alguns anos.

E você, qual equação acredita que seja a mais adequada para a sua carreira?

O que leva os jovens a empreender

Há alguns anos, não era comum observar os jovens optando pelo empreendedorismo do negócio próprio logo no início da carreira. Hoje, isso mudou muito e há algumas hipóteses que buscam explicar tal situação.

No passado, o risco aparente atribuído à carreira solo, criando uma empresa, era considerado alto por todos, dos jovens aos professores que os aconselhavam e, principalmente, pelos pais, sempre preocupados com o futuro profissional dos filhos.

Isso ocorria porque buscar uma carreira na iniciativa privada ou em empresas estatais mostrava-se a estratégia mais adequada para construir um futuro financeiramente confortável, objetivo almejado pela maioria das famílias da classe média.

Os jovens mais ousados focavam suas energias em crescer rapidamente no ambiente corporativo, galgando posições, cargos, conquistas financeiras, maiores salários, viagens e estágios/transferências ao exterior etc.

Quando chegavam aos 30 e poucos anos ou na faixa dos 40, muitos já estavam bem posicionados na carreira e com muito sucesso em sua trajetória profissional. Aos 50 ou 60, alguns já pensavam em deixar a empresa e montar a sua. Essa era a regra.

Agora, com a disseminação do empreendedorismo cada vez mais intensa na camada mais jovem da população, muitos buscam antecipar décadas e já se jogam de corpo e alma em projetos que podem ou não ser bem-sucedidos. E contam, desta vez, com o apoio familiar.

Isso tem ocorrido em todo o mundo. Parece ser uma nova fase do empreendedorismo do negócio próprio. Mas não são todos os jovens que buscam tal via.

Um estudo dos pesquisadores Uschi Backes-Gellner, da Universidade de Zurich, na Suíça, e Petra Moog, da Universidade Siegen, na Alemanha, identificou alguns traços dos jovens com mais probabilidade de engajamento no empreendedorismo do negócio próprio.

Os jovens com um equilíbrio de habilidades e contatos sociais – incluindo escola, negócios, família e conexões com amigos – são muito mais propensos a querer tornar-se empreendedores que aqueles com habilidades específicas e contatos mais estreitos.

O estudo analisou mais de 2 mil jovens alemães e a conclusão dos pesquisadores é que os indivíduos que possuem mais equilíbrio nas habilidades e maiores contatos sociais sentem-se com mais chances de sucesso de criar e gerir um negócio próprio.

E os demais, com habilidades mais específicas e menos contatos, sentem-se mais adequados à carreira como empregados.

É importante notar que o estudo analisou a propensão e não necessariamente o resultado em si. O fato é que outros estudos já mostraram que a capacidade de se relacionar (*networking*) e o autoconhecimento de suas habilidades estão intimamente ligados ao empreendedorismo.

Se você é jovem, quer empreender e não se enxerga como parte do grupo mais propenso à atividade, cabe traçar estratégias de desenvolvimento pessoal agora para ampliar suas habilidades e seus contatos. Lembre-se que isso pode ser adquirido por todos!

Jovens ganham mais trabalhando em empresas também jovens

Historicamente, quando os jovens começavam a se preparar para entrar no mercado de trabalho, consideravam algumas opções. As mais comuns: arrumar um emprego em uma grande empresa, prestar concurso público e, mais recentemente, montar o negócio próprio.

Quando a escolha era arrumar emprego para trabalhar como funcionário era comum sonhar com uma posição em uma grande empresa, pois geralmente se trata de uma corporação estabelecida, com anos de experiência no mercado e talvez ideal para desenvolver a carreira.

Porém, a maioria dos jovens arruma emprego em empresas de pequeno porte. Isso pela simples razão de a maioria das empresas ser de pequeno porte. Mas o mais curioso é o resultado de um recente estudo com empresas norte-americanas sobre os salários dos jovens.

Paige Ouimet, da University of North Carolina, e Rebecca Zarutskie, da diretoria do Banco Central Americano, concluíram que, apesar de a média dos salários ser menor em empresas jovens, os funcionários jovens (25 a 34 anos) ganham 3,1% mais nessas empresas que nas já estabelecidas.

As empresas jovens foram consideradas como tendo até cinco anos de existência. Uma razão apontada pelos responsáveis do estudo é que os mais jovens possuem habilidades técnicas apuradas, as quais as *startups* buscam e estão dispostas a pagar mais para obter.

No caso norte-americano, 27% da força de trabalho em empresas jovens é ocupada também pelos jovens. Já nas empresas estabelecidas, ou maduras, esse percentual cai para 18%.

No caso brasileiro, é provável que os percentuais sejam parecidos para a distribuição da força de trabalho: há mais jovens trabalhando em empresas mais jovens. Mas será que os mais jovens ganham mais em empresas brasileiras mais jovens?

É difícil afirmar sem uma análise mais profunda, mas o fato é que cada vez mais os jovens estão buscando mais liberdade e querem trabalhar em empresas que possibilitem um ambiente de trabalho onde a autonomia e a criatividade, flexibilidade etc. sejam o mantra.

Isso está mudando o conjunto de opções comumente consideradas pelos jovens quando começam sua história profissional. Trabalhar em uma pequena empresa talvez seja cada vez mais uma alternativa convidativa ao trabalho em grandes empresas maduras.

E se a remuneração for maior nas *startups* ou em empresas ainda em crescimento, será o melhor dos mundos, pois juntará grandes oportunidades de crescimento com recompensas atraentes.

Aos empreendedores que estão estruturando novos negócios ou à frente de empresas em fase de crescimento fica a dica: cada vez mais tem valido a pena atrair jovens talentos pagando mais e não necessariamente apenas com o salário, mas com bônus, prêmios etc.

E ainda, se você não tem condições de bater os gigantes oferecendo grandes remunerações, poderá oferecer grandes oportunidades de crescimento e até a possibilidade de sociedade para aqueles que se mostrarem empreendedores no local de trabalho.

 Modelos de referência inspiram novos empreendedores

Se você perguntar a um norte-americano quem foi Marilyn Monroe, 96% da população adulta saberão alguma informação ou fato referente à celebridade. E isso ocorre com outras celebridades, mortas ou vivas.

É o caso de Oprah Winfrey, admirada pelo povo norte-americano, em especial as mulheres.

Porém, ao serem questionados sobre um exemplo de empreendedor de sucesso e, ainda, se sabiam quem foi Steve Jobs, apenas 50% da população adulta responderam conhecer o empreendedor, que é um mito para os mais envolvidos com o empreendedorismo.

E isso ocorre na sociedade norte-americana, que costuma cultuar como deuses seus empreendedores, pois acreditam que estes são os principais protagonistas geradores de riqueza e promoção do crescimento econômico.

Esses dados inusitados foram obtidos em uma pesquisa realizada pela Fundação Kauffman, umas das principais entidades que apoiam e promovem o empreendedorismo nos Estados Unidos.

A conclusão do estudo é que eles, os norte-americanos, precisam intensificar o uso de modelos de referência nos cursos de empreendedorismo para motivar novos empreendedores, principalmente os jovens, a se inspirarem em suas histórias.

Trata-se de um mecanismo poderoso e que, de fato, ajuda muitos empreendedores em potencial a entender e conhecer mais a fundo o que pensa e como age um empreendedor.

No Brasil, isso também se faz necessário, já que nossos empreendedores que mais se destacam também são eventualmente os que podem ser considerados celebridades e, naturalmente, acabam tendo maior exposição na mídia.

Uma maneira de disseminar a ideia de identificar e divulgar modelos de referência em empreendedorismo é o desenvolvimento de estudos de caso sobre empreendedores e depois utilizar esses casos em sala de aula.

Melhor ainda quando o próprio empreendedor pode visitar a sala de aula e proferir uma palestra sobre sua trajetória. Isso pode ser feito em todos os níveis de educação formal, da fundamental à universitária.

Porém, defendo ainda que, além de mostrar empreendedores conhecidos ou reconhecidos por seu sucesso em nível nacional ou até internacional, cabe trabalhar também os modelos de referência próximos do público-alvo.

Ou seja, aqueles empreendedores do seu bairro, cidade, região e com quem você eventualmente cruza no supermercado, em eventos, festas, restaurantes etc.

Além de mostrar aos futuros empreendedores que empreender é algo típico de seres humanos de carne e osso iguais a eles, identificar modelos de referência também estimula o empreendedor regional a continuar sua jornada.

Vale lembrar que, além de fazer acontecer em seu negócio, ele tem a responsabilidade de continuar a inspirar as novas gerações.

Isso porque o legado deixado por todo empreendedor é sua história, realizações, exemplos, valores e crenças, e não apenas os bens materiais que conquistou.

Como lidar com a nova geração de executivos empreendedores

As empresas de médio e grande portes estão em busca de uma solução para atrair e reter os jovens talentos.

Elas perceberam que os atributos oferecidos no passado (salário competitivo, ambiente de trabalho desafiador, bônus e demais prêmios por desempenho, crescimento rápido e cargos de direção etc.) não são suficientes.

Será que essa solução existe?

O fato é que não há solução mágica. Os jovens executivos de hoje não enxergam mais a carreira corporativa como os do passado.

No passado, o executivo promissor era muito valorizado e admirado por trabalhar horas e horas a fio, comprometer toda a sua semana à empresa, preterir horas de lazer e, ainda que inconscientemente, deixar a família em segundo plano.

O argumento era que tudo valerá a pena para construir um futuro seguro para si e os seus.

Com isso, a dedicação ao trabalho passava a ser quase 100%, tudo em prol da carreira e do desenvolvimento rápido na empresa.

Esses executivos não raramente atingiram o sucesso na carreira, tiveram filhos e construíram famílias aparentemente estáveis e felizes. Mas a aparência parece não se refletir na realidade de muitos deles, já que seus filhos cresceram sem um contato estreito com os pais.

Tudo em prol do futuro grandioso que estava sendo construído para a família. Essa mesma família, em muitos casos, deteriorou-se, casamentos foram desfeitos e os filhos foram as grandes testemunhas desse processo.

Claro que houve e sempre haverá exceções...

Os filhos do passado são agora os construtores de novas famílias e parecem, de fato, não querer seguir os mesmos passos dos pais. Eles preferem qualidade de vida, tempo com a família, ambiente de trabalho que não seja tão estressante, mas não menos desafiador.

E isso contraria os objetivos das empresas, pois essas sempre têm a pressão dos resultados rápidos, de crescer continuamente e, para isso, precisam de gente querendo fazer acontecer.

Essa gente que quer fazer acontecer existe, em grande quantidade, mas são os novos jovens empreendedores do negócio próprio. Eles preferem construir o próprio caminho, com autonomia, sem deixar de lado o que mais valorizam.

Trata-se de um desafio que ainda está longe de ser superado pelas médias e grandes empresas. Na verdade, essas empresas precisam desenvolver uma cultura empreendedora que permita aos jovens ter mais autonomia, assumir riscos, compartilhar os resultados, sentir-se donos, ter tempo para si e não apenas para o negócio.

Dicas essenciais de empreendedorismo – José Dornelas

A falta de soluções mágicas no mundo corporativo para atender a tais demandas talvez explique o porquê da maioria dos jovens contemporâneos pensar no negócio próprio como um caminho a ser seguido cada vez mais cedo na vida.

O problema é que muitos desses jovens, geralmente sem experiência, precisarão aprender com os erros na própria empresa e talvez não estejam preparados para o insucesso precoce.

Por outro lado, a sensação de liberdade e a vontade de se fazer o que se gosta parecem não ter preço ou carreira corporativa que propiciem hoje em dia. O futuro mostrará as consequências dessa tendência que veio para ficar.

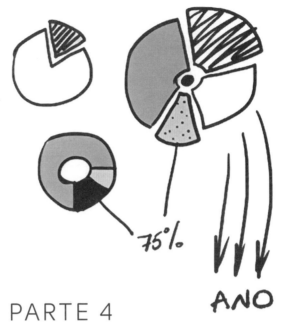

PARTE 4
Empreendedorismo feminino

Mães empreendedoras geram filhas empreendedoras

As mulheres estão inseridas no mundo do negócio próprio como nunca na história. E isso tem levado muita gente a buscar entender como pensam e agem as mulheres comparando-as com os homens que empreendem.

Há ainda estudos que buscam entender o que elas fazem de especial e como aprender a empreender com as mulheres. E isso não se restringe ao empreendedorismo local.

Tal curiosidade investigativa acaba sendo natural, pois as mulheres, de fato, fazem a diferença, haja vista sua participação praticamente igualitária (em termos percentuais) aos homens à frente de pequenos negócios em nosso país, por exemplo.

Um estudo recente, liderado por Francis J. Greene, da Universidade de Warwick, no Reino Unido, buscou analisar a influência das mães empreendedoras em suas filhas, ou seja, será que mães empreendedoras geram filhas empreendedoras?

Os pesquisadores identificaram que mulheres cujas mães foram empreendedoras autônomas são quase três vezes mais propensas a ser empreendedoras que mulheres que não possuem mães empreendedoras.

Já mulheres com pais que são ou foram empreendedores autônomos não possuem a mesma propensão, ou seja, o pai empreendedor influencia menos que a mãe empreendedora na potencial carreira da filha de dona do negócio próprio.

Infelizmente, o estudo não analisou a influência de mães e pais nos filhos empreendedores, mas os resultados obtidos sugerem que a mãe empreendedora é um modelo de referência forte e estimula as filhas a se inspirar na sua trajetória.

Ainda segundo os pesquisadores, os resultados sugerem que as atitudes das mães em relação ao trabalho têm uma influência direta sobre as tendências empreendedoras de suas filhas. Os números mostram ainda que as mulheres em conformidade com os estereótipos de gênero (por exemplo, que acreditam que empreender é coisa de homem) são menos propensas a empreender.

O recado que fica para as mulheres que empreendem ou querem empreender não é apenas observar a história e trajetórias de vida e profissional de suas mães, mas também lembrar-se que suas filhas, talvez mais que seus filhos, provavelmente seguirão o seu exemplo.

Por isso, cada vez mais evidencia-se a importância de tratar do tema empreendedorismo com crianças e adolescentes, algo ainda incipiente por aqui, que com certeza ajudará a construir um futuro melhor para eles e para o nosso país.

Mulheres que trabalham com outras mulheres tendem a arriscar mais

Cada vez mais as mulheres estão envolvidas em novos negócios e liderando equipes, seja em pequenas ou em grandes empresas. Quando o assunto é o negócio próprio, elas se destacam, já que representam milhões de empresas no país.

O espírito empreendedor feminino fica evidente ao se observar os resultados dos negócios liderados por mulheres e também ao se conviver de perto com executivas e empreendedoras do negócio próprio.

Por isso, a ideia do empreendedor de sucesso estar atrelada ao gênero masculino é coisa do passado, apesar de ainda haver mais exemplos de homens de sucesso que são divulgados na mídia.

Um aspecto intimamente ligado ao ato de empreender é a aceitação ou a aversão ao risco. Isso ocorre tanto para homens como para mulheres.

No entanto, uma pesquisa recente mostrou que as mulheres ficam bem mais propensas a arriscar quando trabalham com outras mulheres. Já quando trabalham diretamente com homens, sua propensão ao risco é menor. Essa constatação foi feita por uma equipe liderada por Alison Booth, da Universidade Nacional da Austrália.

No estudo, estudantes de negócios do gênero feminino ficaram 19% mais propensas a fazer escolhas arriscadas em um experimento financeiro quando passaram as últimas oito semanas em companhia de outras estudantes.

Ao se comparar o experimento quando a mesma experiência ocorreu com outras mulheres e homens em conjunto, a propensão ao risco foi menor.

O experimento envolveu escolher entre uma opção segura para receber dinheiro e entrar em uma loteria com um pagamento incerto, mas potencialmente maior.

Do ponto de vista prático, pode-se concluir que se você, mulher, for criar um negócio próprio, por exemplo, talvez caiba fazê-lo com uma equipe de mulheres, caso a ideia seja entrar em um mercado que demande ousadia e uma pitada a mais de risco.

Por outro lado, se a ideia é ter mais equilíbrio na equipe e na propensão ao risco, pede-se uma equipe mista de homens e mulheres.

No momento atual da economia brasileira, a maioria das pessoas está com muito mais aversão ao risco. Mas os(as) grandes empreendedores(as) começam a ser forjados(as) justamente nessas situações.

Se você é mulher e tem uma ideia criativa em mente, já na fase de implementação cabe pensar na formação de sua equipe composta majoritariamente por mulheres.

Apesar de os críticos eventualmente dizerem que se trata do "Clube da Luluzinha", vocês podem ser as grandes empreendedoras que levarão o país a um desenvolvimento econômico mais sustentável nos próximos anos.

Mulheres no comando trazem mais lucratividade aos negócios

Ao mesmo tempo em que as notícias destacam o fato de as mulheres ainda serem minoria no comando das empresas, um estudo recente mostra que elas trazem mais resultado aos negócios quando estão na posição de liderança.

Vários estudos têm tentado entender como a mulher executiva se diferencia do homem à frente dos negócios. E alguns vão além. Mostram que as mulheres são mais efetivas que os seus pares masculinos quando presidem uma empresa.

Essa foi a conclusão de um grupo de pesquisadores liderados por Mario Daniele Amore, da Bocconi University, em Milão. Eles estudaram milhares de empresas familiares na Itália que tiveram sua lucratividade aumentada quando o CEO foi substituído por uma mulher.

E o resultado não para por aí. O efeito do aumento da lucratividade fica ainda mais pronunciado quando a proporção de mulheres na diretoria aumenta.

De maneira geral, quando há mais mulheres na diretoria de uma empresa liderada por uma mulher a lucratividade dessa empresa aumenta.

Segundo os pesquisadores, a presença de mais mulheres como diretoras faz com que uma mulher na posição de comando se sinta mais confortável, melhorando e facilitando a troca de informação.

Trocando em miúdos, parece que o Clube do Bolinha, ao ser trocado pelo Clube da Luluzinha, não deixa saudades para os que querem resultados nas empresas.

Pesquisas com resultados similares continuam a surgir todos os dias, o que enfatiza o quanto a mulher encontra-se não só inserida no mundo dos gestores de alto desempenho, como já se mostra até mais eficiente.

Algo similar tem ocorrido no Brasil, apesar de não haver pesquisas tão completas e densas sobre o tema, quando se observam as mulheres empreendedoras. Não é à toa que elas estão se destacando.

Além de conhecimento de gestão, parecem possuir uma habilidade de relacionamento que em muitos casos os homens praticam apenas mecanicamente, ou seja, não é algo intuitivo do homem.

Alguns homens já decidiram até voltar-se para uma vida mais frugal e deixar nas mãos da mulher empreendedora a liderança do caminho do casal, invertendo um processo que era impensável no passado recente.

Mas ainda há muito que aprender com esses resultados e com as tendências comportamentais do mundo contemporâneo. Por outro lado, é uma vitória feminina em um jogo super competitivo. Parabéns a elas!

Empresas iniciantes com mulheres na diretoria têm mais chance de sobreviver

Um aspecto positivo do empreendedorismo brasileiro tem sido a efetiva participação das mulheres na criação e gestão de negócios.

As mulheres brasileiras estão à frente praticamente da metade das iniciativas empreendedoras no Brasil, e pesquisas internacionais cada vez mais mostram uma maior participação das mulheres no empreendedorismo do negócio próprio.

Isso se deve não só ao seu perfil empreendedor, mas a uma mudança de comportamento e da realidade das famílias. No mundo (com raras exceções contrárias) e também no Brasil as mulheres já estão com plena inserção no mercado de trabalho, e o empreendedorismo do negócio próprio naturalmente se apresenta como uma opção de carreira.

Como a mulher brasileira pode aumentar suas chances de sucesso com a iniciativa empreendedora? Quais os desafios da mulher brasileira no empreendedorismo? Como os homens têm observado a ascensão feminina no empreendedorismo e qual tem sido sua reação?

Essas são questões ainda em fase de construção de respostas, pois a dinâmica do empreendedorismo feminino é considerável.

Entender como pensam e agem as mulheres empreendedoras no Brasil e como as novas candidatas a empreendedora podem usar desse conhecimento para tomar melhores decisões em suas próprias iniciativas ainda é um desafio que precisa ser enfrentado.

Há pesquisas que mostram, inclusive, maior potencial de sobrevivência dos negócios quando há uma mulher envolvida na direção da empresa.

De fato, um estudo liderado pelo pesquisador Nick Wilson, da Escola de Negócios da Universidade Leeds, no Reino Unido, e publicado no *International Small Business Journal* mostrou que empresas *startup* com uma mulher na diretoria têm 27% menos risco de falir se comparadas com empresas que possuem apenas homens no corpo diretivo.

Esse percentual diminui quando o número de mulheres aumenta, sugerindo que o que importa é a diversidade e não um número específico de mulheres diretoras.

Pesquisas anteriores mostram, também, que grupos com maior diversidade de gênero tendem a ter um pensamento mais inovador na resolução dos problemas.

De todo modo, experiências brilhantes e admiráveis de mulheres vencedoras servem de exemplo para outras mulheres, mas também aos homens, já que quando se trata de empreender não deveria ser o gênero que define a tendência do sucesso ou fracasso e sim as decisões gerenciais e fatores circunstanciais que criam condições para ou impedem o negócio de prosperar.

Apesar da análise bastante convidativa acerca do papel da mulher empreendedora brasileira, mais positivo será o dia em que tanto mulheres quanto homens passarão a ser tratados apenas como empreendedores, nas mesmas igualdades de condições.

O mesmo se aplica às oportunidades de criar bons negócios, que deveriam estar disponíveis a todos os brasileiros.

PARTE 5
Dinheiro
Investidores
Fluxo de caixa
Remuneração
Valuation

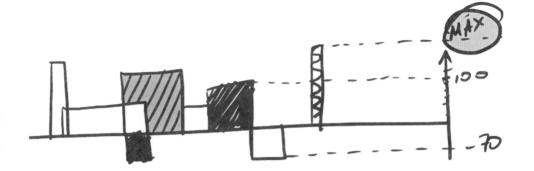

A forma como negociamos com dinheiro revela sobre perfil empreendedor

O dinheiro, como todos sabem, faz parte da vida das pessoas e é a métrica usada para estimar o quanto você ganha e, por consequência, o que poderá comprar e qual padrão de vida pode levar no mundo capitalista.

Não é por acaso, então, que o dinheiro leve muitos pesquisadores a tentar entender as reações das pessoas ao lidar com esse recurso, que provoca tremenda excitação neural e mexe com o cérebro das pessoas.

Para provar essa tese, Kabir Sehgal, que escreve na *Harvard Business Review*, estudou vários experimentos sobre o assunto. Em um desses experimentos, uma equipe de pesquisadores analisou os cérebros de uma dúzia de pessoas enquanto elas jogavam um jogo no qual poderiam ganhar ou perder dinheiro.

Os exames revelaram um aumento da atividade neural. Os pesquisadores então compararam as imagens cerebrais dos participantes que estavam prestes a ganhar dinheiro com imagens dos cérebros de pessoas viciadas em cocaína. Os resultados mostraram que as atividades cerebrais de ambos os grupos foram quase idênticas.

Segundo um dos pesquisadores responsáveis pelo experimento, Brian Knutson, nada tem efeito similar no cérebro das pessoas. Ele acrescenta: "assim como o alimento fornece motivação para cães, o dinheiro proporciona o mesmo para as pessoas".

Outro estudo buscou entender o que ocorre com o cérebro quando a pessoa está em uma negociação financeira. Foram analisados os cérebros de dezenove participantes que jogavam um jogo que envolve a negociação sobre dinheiro.

Durante cada fase do jogo, dois participantes conhecidos como "proponente" e "respondente" foram convidados a dividir uma quantia de dinheiro. Se eles não concordassem, ninguém iria receber dinheiro nenhum.

A decisão racional e lógica seria o respondente aceitar qualquer oferta, pois assim ambos ganhariam algo. Porém, os respondentes rejeitaram quase 50% das ofertas.

De acordo com os pesquisadores, tal atitude ocorre pelo fato de a pessoa se sentir insultada com ofertas que não consideram adequadas. Assim, preferem punir os proponentes do que ganhar algo, mesmo que seja pouco.

Esses estudos podem ajudar você a entender como as pessoas se comportam em uma negociação. Mas para isso há que se analisar o comportamento das ondas cerebrais com um equipamento de ressonância eletromagnética.

Isso é improvável de ocorrer em longa escala no curto prazo, mas já existem empresas usando tais técnicas para analisar candidatos a vagas de empregos.

Uma das variáveis que as empresas buscam analisar é a tendência de assumir risco. Isso poderia ser usado também pelos empreendedores em busca de sócios. Quem sabe essa análise não facilite na identificação de parceiros de negócio que complementem seu perfil?

A busca por investidores pode matar a *startup*

Um dos grandes desafios para empreendedores em fase inicial em qualquer negócio é conseguir angariar os recursos necessários para colocar a empresa em funcionamento. Mas o foco exagerado nessa atividade pode causar um efeito colateral de alto risco para o negócio.

No caso de negócios considerados tradicionais ou pouco inovadores, a principal fonte de recursos para iniciar a empresa vem do próprio empreendedor, sua família e pessoas próximas a ele. E isso ocorre no mundo todo de maneira muito similar.

Já quando falamos de negócios inovadores, como os ligados às áreas de tecnologia da informação, por exemplo, o objetivo de todo empreendedor é conseguir um investidor pessoa física, conhecido como investidor-anjo, ou obter dinheiro de um fundo de capital de risco.

Essas histórias de busca de dinheiro acabam ficando conhecidas na mídia e criam uma sensação de que o grande objetivo de qualquer *startup* é conseguir o primeiro investimento de capital de risco. Mas são raras as empresas que conseguem. A maioria fica pelo caminho.

Porém, poucos empreendedores de negócios inovadores sabem que essa busca incessante por capital pode matar a empresa. Isso ocorre porque tais fundos de investimento ou mesmo os anjos investem de maneira muito seletiva, na proporção de 100 para 1.

Isso significa que, de cada 100 negócios analisados, apenas 1 tem o potencial real de receber aporte. E, às vezes, mesmo após inúmeras análises e reuniões com os empreendedores, o recurso do capitalista de risco acaba não sendo alocado na empresa.

Como todo negócio em fase inicial tem recursos limitados e uma equipe enxuta, o empreendedor à frente do negócio não pode se dar ao luxo de "apenas" buscar dinheiro para a empresa. Ele precisa ficar na linha de frente das vendas e contatos com os clientes-chave.

Trata-se de um dilema, uma vez que sem dinheiro a empresa não funciona e sem vender e testar seu modelo de negócio fica difícil conseguir investimento. O que fazer?

Talvez valha a pena o empreendedor criar uma estratégia que vise o crescimento do negócio, mesmo que de maneira mais lenta, mas com vias de se obter resultados concretos de validação do modelo de negócio.

Assim, ele terá mais chances que apenas 100 x 1 e poderá ser ouvido e ainda negociar com mais fundos ou investidores pessoa física.

Uma sugestão que fazem aqueles que já passaram por essa situação é bastante simples e eficaz, mas difícil de mensurar. Não aguarde pela obtenção de um produto 100% perfeito!

Leve o produto bom (e não o ótimo) ao mercado, sinta a reação dos clientes e teste seu modelo de negócio (como vender, por quanto e como cobrar) para identificar qual valor você está proporcionando.

Enfim, não foque exageradamente na busca de investidores no início, mas também não invista tempo demais na obtenção do primeiro produto viável para o mercado. O equilíbrio, uma vez mais, parece ser a receita adequada.

Infelizmente, não há regras claras para serem seguidas. A dica final é você buscar conselhos diretamente com outros empreendedores e conhecer como eles fizeram, onde erraram, o que acertaram etc. Assim, você estará mais apto para tomar as próprias decisões.

Como negociar salário em uma *startup*

Quem não quer ganhar uma remuneração justa para o trabalho que desenvolve? Agora imagine conseguir tal objetivo em uma empresa que ainda está em fase inicial de desenvolvimento. O desafio demanda uma estratégia acertada e uma visão de futuro clara.

Todos merecemos uma remuneração adequada pelo trabalho que desenvolvemos. O problema é que muitas vezes a remuneração justa não se baseia apenas na média salarial praticada no mercado.

Não é raro haver muita subjetividade por parte do candidato ao emprego, levando em consideração sua experiência, suas expectativas de crescimento, ambição, objetivos de carreira etc.

Em empresas de médio e grande portes, o horizonte da boa remuneração parece mais claro do que em empresas iniciantes, uma vez que estas últimas geralmente possuem menos recursos para pagar de maneira competitiva os profissionais bem qualificados.

Por outro lado, é bem comum, hoje em dia, encontrar mais e mais pessoas interessadas em trabalhar em empresas menores, em *startups*, simplesmente pelo fato de encontrarem nelas um ambiente geralmente mais acolhedor e com muita possibilidade de crescimento profissional.

A autonomia também é um fator determinante na escolha por trabalhar em empresas de menor porte, uma vez que você terá que tomar decisões rápidas e assumir responsabilidade por várias áreas da *startup*, liderando equipes e projetos.

Mas a questão da remuneração justa sempre surge na discussão de uma entrevista de emprego, e isso não é diferente em empresas iniciantes.

Se você quer trabalhar nesse ambiente mais leve, com regras ainda flexíveis e onde poderá interagir com praticamente todos os funcionários, cabe uma estratégia de negociação acertada para não ficar frustrado ou não ser aceito para a vaga.

Em primeiro lugar, nunca trate da questão remuneração no início da entrevista ou da conversa sobre a oportunidade de trabalho. Foque no que você poderá agregar ao time e ao negócio. Analise o que será seu papel e o interesse da empresa em você.

Deixe apenas para o final da conversa a questão salarial. E aí que você pode conseguir uma negociação interessante. Após a empresa falar quanto pode te pagar, você analisa e sugere uma contrapartida, se for o caso.

Além de um fixo, sugira remuneração variável complementar, contra cumprimento de metas e, principalmente, a possibilidade de ser tornar sócio da empresa ou ter opção de compra de ações da empresa em um futuro pré-acordado, mas a um preço por ação fechado agora.

Que tipo de profissional consegue se adequar a esse tipo de negociação? Com certeza, aqueles com espírito empreendedor e que querem crescer junto com o negócio.

Caso a *startup* na qual você se interessou não esteja preparada para lhe oferecer uma proposta com tais características e você tenha sede de empreender em um negócio em formação, não desista da busca, pois a maioria tem praticado tais políticas para atrair e reter talentos empreendedores.

Ou, talvez, seja o caso de você montar a sua própria *startup* e atrair outros talentos empreendedores para trabalhar com você, utilizando de uma estratégia que valorize a meritocracia.

Nem sempre um aumento de salário eleva a *performance* do funcionário

Quem não quer ganhar mais pelo trabalho que desenvolve? Pergunta fácil de responder, mas com conclusões nem sempre unânimes quando se analisa a *performance* do funcionário após um aumento salarial.

Aparentemente, um aumento salarial deveria deixar os funcionários mais motivados e, com isso, levar a um aumento de produtividade. Isso, de fato, ocorre em muitos casos, mas há situações nas quais o efeito de um ganho extra é nulo.

Isso foi constatado por uma equipe de pesquisadores liderados por Alain Cohn, da Universidade de Zurich. Em um experimento realizado com pessoas contratadas para distribuir cópias de um jornal aos pedestres que passavam pela rua, um aumento salarial não teve nenhum efeito na *performance* dos funcionários, a não ser em casos específicos.

Esses casos resumem-se a situações nas quais os funcionários consideravam o pagamento original inaceitável, ou seja, muito abaixo do que seria considerado justo por eles.

Nessa situação, ao receberem aumento do salário, a *performance* média aumentou em 7%. Esse resultado sugere o que os pesquisadores chamaram de reciprocidade positiva.

A reciprocidade positiva está relacionada à sensação de que o aumento salarial levou a uma remuneração justa comparada ao ganho original muito baixo ou injusto.

Naturalmente, há subjetividade na análise, já que o que pode ser considerado justo para alguns não necessariamente é justo para outros.

Mas o mais importante para os empreendedores é perceber que nem sempre apenas o aumento dos ganhos levará os funcionários a produzir mais, algo já constatado na prática por muitos e agora comprovado com pesquisas.

O desafio está em definir o que seria uma remuneração justa. No início, muitas empresas que estão se estruturando não conseguem ser competitivas em remuneração ao ser comparadas com grandes organizações já estabelecidas.

Porém, as pequenas podem oferecer outros atributos aos funcionários que compensem um salário maior, tais como ambiente descontraído, sensação de pertencer a uma família unida e coesa, crescer junto com a empresa, etc.

Aos empreendedores do negócio próprio preocupados em recrutar e reter talentos, a sugestão imediata que se tira dessa pesquisa é propor um pacote atrativo que leve o funcionário a se sentir inserido na cultura da empresa e, com isso, sua *performance* será superior.

Naturalmente, criar condições para que o funcionário tenha aumentos periódicos e justos no salário também faz parte desse pacote.

Iniciativas como participação em resultados, pagamento de bônus e prêmios podem fazer parte do pacote não só atrelados ao cumprimento de metas, mas como retribuição ao esforço e comprometimento dos funcionários-chave.

Trata-se de um passo-chave para os empreendedores que querem construir uma empresa onde as pessoas, de fato, são o ativo mais importante.

Muitos incentivos financeiros não levam a mais inovação nas empresas

No mundo dos negócios, parece não haver dúvidas que inovar é o caminho para a perenidade das empresas. Porém, o que muitos não sabem é que investir mais dinheiro em inovação pode levar a resultados pífios.

Quando o assunto inovação entra em discussão nas empresas de médio e grande portes, há comitês destinados a criar processos internos que incentivem a inovação junto aos funcionários.

Esses processos visam à geração de novas ideias que se reflitam em melhorias de desempenho (diminuição de custos) ou na criação de novos produtos e serviços (aumento de receita).

Os profissionais que trabalham diretamente com o desafio de incentivar a inovação nas empresas geralmente contratam consultorias para auxiliar na estruturação de tais processos.

Entre as receitas consagradas mundialmente está a destinação de um orçamento para projetos inovadores nas empresas. Porém, nem toda empresa executa essa receita de maneira correta.

Isso é o que constataram os pesquisadores Oliver Baumann, da University of Southern Denmark, na Dinamarca, e Nils Stieglitz, da Frankfurt School of Finance and Management, na Alemanha.

Entre os problemas de apenas destinar dinheiro como incentivo individual aos funcionários, achando que terão mais ideias inovadoras, é que muitos terão muitas ideias, porém, a maioria inútil e incremental.

Histórias de sugestões simplórias, como a mudança da cor da parede da sala, ou algo similar, tornam-se casos de "sucesso" compartilhados no mundo corporativo.

O problema é que se a empresa busca inovações radicais, não será com mero incentivo financeiro aos funcionários que vai conseguir.

Uma maneira de corrigir esse problema não é eliminar o incentivo financeiro aos funcionários, mas mudar a maneira como é atribuído. Há de separar o joio do trigo. Projetos radicais devem ser tratados separadamente.

O erro de muitas empresas é colocar todas as ideias em um mesmo funil e avaliá-las por um mesmo comitê. Isso torna o processo impraticável. Ideias incrementais, simples, devem ser tratadas na própria área e não em nível corporativo.

Ideias que, de fato, podem trazer resultados significativos para a empresa devem ser tratadas por um comitê especial, de preferência com o suporte direto do presidente da empresa.

Para separar ideias simples daquelas com maior potencial, todos os líderes, sejam diretores, gerentes, supervisores etc. devem saber fazer essa triagem. E isso se aprende utilizando técnicas de avaliação de ideias.

Os empreendedores corporativos não são apenas os que têm grandes ideias, mas os que sabem executá-las de maneira eficiente. O processo de incentivo à inovação inicia com a capacitação desses executivos. Com isso, o dinheiro para a inovação será mais bem aproveitado.

Quem é o investidor-anjo?

Muitas pessoas confundem o investidor-anjo (*angel investor*) com o popular sócio capitalista.

Como o anjo também está se tornando popular no Brasil, principalmente devido aos eventos de empresas inovadoras de tecnologia e das aceleradoras que promovem o investimento em empresas *startup,* é natural que as pessoas vejam os anjos apenas como detentores do capital e que buscam oportunidades em troca de investimento.

Porém, o anjo pode ser considerado uma evolução do tradicional sócio capitalista. O sócio capitalista é aquele que entra com o dinheiro, recebe uma participação na sociedade e se mantém como sócio por tempo indeterminado, nem sempre agregando valor à gestão do negócio. Não é geralmente um investidor profissional em negócios, mas busca diversificar seus investimentos como sócio de várias empresas. Já o investidor-anjo possui algumas características próprias:

- O investidor-anjo não é fácil de encontrar, é disperso geograficamente e procura não se expor. Assim, para chegar até ele a melhor alternativa é usar a sua rede de contatos e participar de eventos que tratem de investimentos em empresas nascentes.
- Ele investe em vários setores e geralmente em empresas em fase inicial de desenvolvimento, que demandam investimentos de R$ 10 mil a R$ 1 milhão. Como é bem-relacionado, caso sua necessidade de aporte seja maior que a capacidade ou disposição de investimento do anjo, este poderá indicar mais investidores para o negócio e investir em grupo.
- O investidor-anjo atua de forma parecida com a do capitalista de risco, já que busca uma rentabilidade acima da média para o negócio e não se vê como sócio indefinidamente. Seu objetivo é vender a participação na empresa para outros investidores ou para o próprio empreendedor quando o negócio se mostrar atrativo para outros aportes de capital.
- O investidor-anjo quer ser ouvido na empresa e se você, como empreendedor, não quiser opinião alheia, estará transformando o anjo em inimigo.
- O perfil do investidor-anjo corresponde a pessoas acima dos 40 anos, com experiência em negócios, com estabilidade financeira e que buscam diversificar seus investimentos apostando em empresas nascentes com alto potencial de crescimento.

Antes de apresentar seu projeto de *startup* a um anjo, você precisa estar ciente de como pensa e age esse tipo de investidor para evitar problemas futuros de relacionamento.

Afinal, trata-se de um casamento com prazo de validade, ou seja, você e o investidor-anjo começam o relacionamento sabendo que em determinado momento futuro haverá a separação e cada um seguirá seu caminho.

Empreendedor precisa gostar de números

Como você levará seu negócio ao sucesso se não gostar de números? Afinal, as métricas mais usadas para identificar se uma empresa está dando certo são os números que mostrarão informações como receita, lucro, prejuízo, retorno do investimento etc.

Muitos empreendedores se perdem totalmente quando o assunto são os números do negócio. Não só porque não planejaram adequadamente, mas porque não sabem interpretar as informações que o negócio fornece.

Em todas as fases de um negócio, mas principalmente no início, o empreendedor precisa fazer cenários, contas, previsões de crescimento, análise de riscos etc. Para isso, precisa conhecer pelo menos o básico de algumas técnicas de análise financeira.

Se esse não é o seu caso, considere como uma lição de casa, antes de começar a empresa, frequentar um curso de fluxo de caixa e análise financeira ou de investimentos. Tratam-se de pré-requisitos essenciais para a tomada de decisão nos negócios.

Não pense que o seu diretor financeiro (que muitas vezes é alguém da família que também não entende tanto do assunto) deve ser o único responsável por essa atribuição na empresa.

Empreendedores de sucesso sabem ler as informações financeiras da empresa, mesmo não sendo especialistas no assunto. Como você pode tomar uma decisão sem saber como esta poderá afetar financeiramente sua empresa?

Você não precisa ser um especialista em finanças e análise de investimentos, mas precisa conhecer o assunto de forma mínima até para não ser enganado. Não terceirize algo que é sua atribuição como empreendedor: pensar e tomar decisões.

Se você realmente não gosta de números e não se sente à vontade à frente de uma planilha financeira, repense sua estratégia empreendedora, pois você pode cometer erros graves e perder oportunidades de crescimento para o seu negócio, além de correr riscos não calculados.

Vender a empresa pode ser uma forma de realização do empreendedor

No passado era comum um empreendedor criar um negócio, fazê-lo crescer e se consolidar, e, depois, passar a gestão da empresa aos filhos, netos e demais herdeiros.

As empresas familiares tinham um histórico no qual se confundia a gestão da família com a gestão do negócio.

Empreendedores daquela época jamais pensavam na possibilidade de vender a empresa, mesmo porque se tratava de um patrimônio da família.

Atualmente, isso tem mudado muito rapidamente, mesmo no Brasil, que tem uma forte tradição de empresas familiares.

Ao redor do mundo, mas principalmente nos Estados Unidos, os empreendedores têm criado empresas já com a intenção de vendê-las em determinado momento.

Alguns empreendedores brasileiros mais jovens também têm buscado aplicar essa mesma estratégia.

Isso pode ser observado em mercados dinâmicos, como as *startups* criadas para atuar preferencialmente na internet.

Será que o amor pelo negócio deixou de ser eterno? Na verdade, o amor desse tipo de empreendedor é pelo processo de criar, de desenvolver, de juntar a equipe e os recursos, e não necessariamente pelo sentimento de posse.

É como um filho, educado e cuidado desde o início, que quando atinge a vida adulta conquista sua independência.

Essa analogia pode ser perfeitamente aplicada aos negócios. O mais interessante é que, ao vender uma empresa, o empreender não apaga sua história.

Ele pode estar criando as condições para sua longevidade.

Pessoalmente, ele coloca uma boa quantia de dinheiro no bolso, que poderá, inclusive, servir de investimento para a próxima empreitada.

Muitos empreendedores aproveitam esse momento raro não mais à frente da empresa que criaram para descansar, viajar, fazer o famoso sabático e, quando voltam à ativa, geralmente criam novas empresas ou investem em negócios já existentes com o objetivo de multiplicar seu valor.

Outros preferem o empreendedorismo social. Enfim, os objetivos mudam, mas a vontade de fazer acontecer e de realização continuam.

Comprando à vista e vendendo a perder de vista

Parece piada, mas muitos empreendedores cometem esse erro. Compram à vista os insumos e componentes que necessitam para obter seus produtos e vendem de forma parcelada e muito convidativa para atrair clientes.

Isso é inevitável de ocorrer eventualmente com qualquer empresa, mas não pode se tornar prática de negócio, pois poderá deixar sua empresa sem dinheiro para o capital de giro.

Aí, você já sabe o que vai acontecer: você terá de ir correndo atrás de recursos de curto prazo nos bancos, que cobram justamente os maiores juros do mercado para esse tipo de empréstimo.

Como evitar essa situação? Negocie com seus fornecedores e atrele o pagamento deles às vendas dos seus produtos. Não permita que o caixa de sua empresa fique negativo por falta de planejamento financeiro. Esse é um dos motivos mais comuns de quebra de empresas.

Outro problema ocorre quando há dinheiro em caixa, pois é comum o empreendedor não se preocupar muito com sua gestão, já que acredita que continuará a haver dinheiro, ainda mais quando as vendas são crescentes.

Porém, as vendas crescentes mascaram o problema maior (a saída de dinheiro é mais rápida do que a entrada de dinheiro no caixa da empresa). Há uma falsa sensação de que a empresa está ficando cada vez mais lucrativa, pois com o aumento das vendas o que se espera é ganhar mais dinheiro.

O aumento das vendas aumenta também a necessidade de comprar mais dos fornecedores e se você mantiver a mesma política de pagamentos dos fornecedores, terá dívidas de curto prazo maiores, caso não tenha mudado nada na sua política de vendas.

Apesar de parecer uma análise lógica que todo empreendedor aparentemente saberá resolver, conforme a empresa cresce em tamanho e linhas de produtos, a situação pode ficar ainda mais complicada, caso não haja um bom planejamento financeiro e de contas a pagar e a receber.

Por isso, reverta rapidamente a situação e tente seguir o lema "Vender à vista e pagar a perder de vista", mesmo sabendo que hoje em dia é praticamente impossível praticar a maior parte das vendas à vista.

Nem toda venda se reflete em dinheiro no caixa

Você abriu a empresa e está sedento para ver os clientes comprando e o caixa aumentando. Nas suas previsões mais pessimistas em poucos meses a empresa atingiria o patamar máximo de receita mensal e o ponto de equilíbrio seria inevitável, tudo como você sonhou...

Na prática, porém, você começa a perceber, desde a abertura da empresa, que o crescimento da receita não está ocorrendo como o desejado. Como evitar essa situação?

Vale aqui um lembrete importantíssimo. Todo negócio em fase inicial terá mais dificuldades de fazer caixa que outros concorrentes já estabelecidos. Essa é a regra, mas é claro que há exceções. Se a regra diz que a maioria sofre com esse problema, o que você pode fazer para minimizá-lo?

Em primeiro lugar, quando você fizer suas projeções de receita, não se esqueça de considerar fatores como sazonalidade e velocidade de crescimento como premissas básicas. Tenha cuidado com projeções feitas em *softwares* e planilhas financeiras, pois os recursos tecnológicos dessas ferramentas podem induzi-lo a erros.

Ao fornecerem vários recursos para que as projeções sejam feitas de maneira rápida, acabam por induzir o empreendedor a fazer projeções otimistas, com receitas sempre crescentes e se esquecendo de fatores que prejudicam a lucratividade, tais como:

- perda de clientes (sim, você vai perder clientes, pois isso é inevitável);
- clientes maus pagadores ou caloteiros (sim, você terá clientes com este perfil);
- diversidade de formas de pagamento (cartão de crédito, cheque, boleto etc. são mais comuns que o pagamento à vista em dinheiro e isso prejudicará o caixa da empresa, já que a maioria das vendas é feita a prazo).

Portanto, procure equilibrar seu otimismo com racionalidade e não se esqueça de aplicar um fator de correção nas projeções de receita, principalmente nos meses iniciais. Isso permitirá que você tenha uma visão mais realista do futuro da empresa e entenda com mais clareza até quando a empresa ficará no vermelho antes de começar a ter lucros.

Você vai precisar de mais recurso

Recursos são o combustível necessário ao crescimento das empresas e você sempre precisará controlar a sua utilização, gerir os investimentos e buscar alternativas quando as tradicionais (bancos de varejo) não se mostrarem atrativas, o que é bastante usual.

Engana-se o empreendedor que acredita precisar de recursos externos apenas na fase inicial da empresa, até o ponto de equilíbrio ser superado. A cada nova fase da organização haverá a necessidade de novos investimentos e, com isso, você deverá buscar formas de suprir as demandas de sua empresa.

Empresas já constituídas têm mais facilidades para acessar linhas de crédito, financiamentos e até conseguir investimentos públicos, mas sempre precisarão mostrar as contrapartidas e garantias aos "donos" do dinheiro.

Médias ou grandes empresas não crescem apenas com o próprio fluxo de caixa. Os gestores financeiros dessas empresas têm o papel de buscar o melhor acordo possível, as melhores taxas de juros e condições de pagamento, pois o caixa continuará a ser o rei sempre, inclusive quando sua empresa crescer.

Isso significa que você deve priorizar a liquidez, mas também poderá contrair dívidas quando estas se mostrarem alternativas mais interessantes que o investimento de recursos próprios.

Às vezes, surgem linhas de financiamento de longo prazo, principalmente com incentivos públicos e via bancos de investimento ligados ao governo, com carência e juros mais baixos que os praticados no mercado.

O gestor financeiro da empresa deve não só monitorar essas linhas de crédito, mas estar preparado para rapidamente submeter toda a papelada, plano de negócios, plano de investimentos etc. para solicitar tais recursos.

O fato é que sua empresa deverá ter pessoas com capacidade e boa articulação e poder de negociação na área financeira.

Os empreendedores, muitas vezes, deixam gestores não tão bem preparados gerindo as finanças e isso pode ser um desastre, pois além de não aproveitar oportunidades de captação de recursos de maneira competitiva, pode impedir o crescimento organizado da empresa.

Por isso, você, como empreendedor, deve dar a devida atenção a quem colocará no comando financeiro da empresa. Não basta apenas ser de confiança.

A pessoa tem que ter competência e entender da área, caso contrário suas decisões poderão ser extremamente prejudiciais para a saúde do negócio.

Saiba estimar o valor da sua empresa para conseguir investimentos

Os critérios e métodos aplicados em finanças corporativas para avaliar as empresas negociadas publicamente nos mercados de capitais, quando aplicados precipitadamente às empresas em fase inicial, têm limitações severas.

Os ingredientes para a valoração (*valuation*) empresarial são: dinheiro, tempo e risco. O risco ou a percepção de risco contribui para a determinação do valor. O velho ditado "quanto maior o risco, maior a recompensa" desempenha um papel importante na forma como os investidores avaliam o potencial de crescimento e, assim, o *valuation* (ou valoração) de uma empresa.

Existem, pelo menos, uma dúzia de diferentes maneiras de se estimar o valor de uma empresa privada (o valor real ocorre na venda do negócio e depende do tempo). Muitas hipóteses e muitos julgamentos são feitos em cada exercício de valoração.

Em um caso, por exemplo, o empreendedor consultou 13 especialistas para determinar o quanto deveria oferecer pela outra metade de uma empresa com vendas de R$ 10 milhões ao ano. A resposta variou entre R$ 1 milhão e R$ 6 milhões. Em seguida, ele adquiriu a outra metade por R$ 3,5 milhões.

Portanto, pode ser um erro grave abordar a tarefa de valoração com o objetivo de chegar a um número único ou mesmo uma faixa estreita. Tudo que podemos realisticamente esperar é um intervalo de valores com limites orientados por diferentes métodos e pressupostos subjacentes a cada um.

Dentro desse intervalo, o comprador e o vendedor precisam determinar a zona de conforto de cada um. Em que ponto você está basicamente indiferente à compra e à venda?

Determinar seu ponto de indiferença pode ser uma valiosa ajuda para preparar você para as negociações de compra ou venda.

Vários investidores exigirão uma taxa diferente de retorno (ROI) para investimentos em diferentes estágios de desenvolvimento e têm a expectativa de períodos de espera também diferentes. Vários fatores estão na base do ROI exigido de um investimento de capital de risco, incluindo os prêmios de risco sistêmico, falta de liquidez e valor agregado.

Naturalmente, pode-se esperar que aqueles variem regionalmente e de tempos em tempos, conforme as condições do mercado mudam, porque os investimentos são feitos em nichos imperfeitos do mercado de capitais.

Mas, e se sua empresa ainda não foi criada, está apenas no papel (no plano de negócios), como você avalia o valor do negócio com vistas a angariar investimento de um investidor de risco?

Historicamente, no Brasil, o papel do investidor (conhecido como sócio capitalista) era colocar o dinheiro necessário em troca de 50% do negócio. Mas isso é passado. Hoje em dia, com um plano de negócios bem-feito você consegue obter o valor da sua empresa para negociar uma contrapartida, geralmente abaixo dos 50%, para o sócio capitalista, seja ele pessoa física ou um fundo de investimento.

As técnicas de valoração do negócio, como já mencionado, são muitas, mas a mais utilizada é a do fluxo de caixa descontado.

Saiba por que o fluxo de caixa é o rei do seu negócio

A gestão do fluxo de caixa é a atividade mais importante que o empreendedor deve desenvolver a partir da abertura da empresa. Gerir o caixa envolve o desenvolvimento e o acompanhamento de atividades cruciais para a empresa, tais como a análise de investimento, o que comprar, quando e como pagar, e o que vender, como parcelar e quando desistir da venda.

As informações de entrada e saída do dinheiro ao longo do tempo resumem bem a gestão do caixa no curto, médio e longo prazos.

Evite fazer dívidas sem antes ter uma gestão organizada do fluxo de caixa da empresa. Não saia comprando sob qualquer condição de pagamento, pois talvez mais importante que o preço a ser pago são as condições que você negociou para fazer o pagamento. O mesmo ocorre com as vendas.

Muitos empreendedores se empolgam e fazem de tudo para concretizarem uma venda, parcelando de forma convidativa para os clientes. Isso pode atrair mais clientes, mas você deverá ter caixa para manter a empresa funcionando enquanto os pagamentos dos clientes não são feitos.

Muitas empresas quebram não porque não vendem, mas porque vendem demais e de forma desorganizada, ficando com "buracos" no caixa, o que as leva a buscar ajuda desesperada em bancos para conseguir capital de giro. O capital de giro é um recurso de curto prazo e o mais caro de se obter, pois os bancos cobram taxas altíssimas para lhe emprestar.

Toda empresa iniciante (e também as já estabelecidas) deve ter um sistema de gestão que contemple um módulo específico de gestão do fluxo de caixa. Há vários fornecedores no mercado de sistema de gestão empresarial e alguns deles oferecem soluções customizadas ou específicas para ramos de negócios.

O empreendedor deve considerar a análise dessas soluções como parte importante do seu trabalho de pesquisa antes mesmo de abrir a empresa. Trata-se de um investimento que vai auxiliar na gestão e organização de sua empresa.

No mundo dos negócios e em especial das empresas em fase inicial de desenvolvimento sempre vale o ditado "Se o caixa não for tratado como Rei na sua empresa, logo você não passará de um simples súdito suplicando ajuda aos donos do dinheiro".

Avalie o que é vantagem para sua empresa: possuir ou controlar recursos?

Quantas vezes você não ouviu pessoas dizerem que só montarão o negócio próprio quando tiverem dinheiro, ou ainda, que com dinheiro em mãos todo mundo pode ser empreendedor? A questão da posse do recurso para ser empreendedor acaba sendo um desafio que muitos desistem de superar.

Apesar das estatísticas mostrarem que na maioria dos casos o dinheiro inicial para criar a empresa vem do bolso do próprio empreendedor, isso nem sempre ocorre depois da empresa criada. É raro empresas crescerem apenas com o próprio fluxo de caixa. Isso se chama crescimento orgânico, passo a passo, e que muitas vezes limita a velocidade de desenvolvimento do negócio.

Por isso que como empreendedor você precisa saber gerenciar os recursos que possui e controlar os recursos que não possui (recursos de terceiros). Crescer com recursos de terceiros é comum até para empresas lucrativas.

Trata-se de buscar combustível externo para investimento nas áreas estratégicas (desenvolvimento de produtos, entrada em novos mercados, contratação de pessoal, marketing etc.) que levarão sua empresa a um novo patamar.

É claro que você pode optar por ser mais conservador e crescer apenas com as "próprias pernas", como faziam os empreendedores mais antigos e ainda fazem alguns empreendedores contemporâneos.

É mais uma vez uma questão de escolha e de assumir mais ou menos riscos aproveitando ou não as oportunidades de negócios que surgem. Hoje em dia, mesmo aquelas empresas que dominam seu mercado correm mais risco de rapidamente ter alguém tentando "roubar" seus clientes.

As principais fontes de recursos de terceiros são bancos de varejo, bancos de investimento e bancos públicos. Como empreendedor você deve ficar atento às ofertas de capital de dívida, ou empréstimos. Às vezes, vale a pena o empreendedor contrair uma dívida que se mostre viável de quitar e que tenha juros convidativos.

Algumas empresas estabelecidas no Nordeste e Norte do país, por exemplo, podem se beneficiar, ainda, de leis de incentivo para contrair empréstimos a juros competitivos se comparados com o padrão de mercado. Empresas que investem em pesquisa e desenvolvimento e inovação têm ainda várias linhas de fomento que justificam os empréstimos.

Portanto, não se trata sempre de fugir dos empréstimos ou financiamentos para não assumir grandes riscos. O empreendedor deve analisar as oportunidades de oferta de recursos e fazer suas escolhas. Empreender um grande negócio muitas vezes significa gerir recursos que você não tem. Você está preparado para o desafio?

Responda a estas questões antes de gastar seu dinheiro para abrir um negócio

Como você já sabe, usar o próprio dinheiro é a principal alternativa de investimento para começar o seu negócio próprio. Porém, cabem algumas considerações sobre como usar o recurso poupado ao longo dos anos para evitar cometer equívocos e ganhar decepções.

Antes de começar a investir seu dinheiro no negócio que está prestes a criar, procure responder às questões a seguir.

1. Você tem reservas extras para garantir a manutenção de sua família por, pelo menos, dois anos, além do dinheiro que pretende investir no negócio?
2. Você já simulou quanto de dinheiro sua empresa precisará para sobreviver nos próximos meses, além do investimento inicial, e verificou se suas economias cobrem essa demanda de recurso no cenário mais extremo, quando a empresa não tem nenhuma receita? Para ajudar, utilize sempre a análise do fluxo de caixa projetado do negócio, que pode ser obtido de seu plano de negócios.
3. Você já conversou com sua família sobre os possíveis momentos de vacas magras que poderão ocorrer nos próximos meses?
4. Você está certo que este é o negócio de seus sonhos? Ou se trata apenas de uma iniciativa sem muito comprometimento?
5. Você terá sócios? Caso positivo, eles também colocarão dinheiro no negócio ou entrarão apenas com trabalho? Quando um dos sócios investe mais recursos que os demais pode haver conflito caso as metas não sejam cumpridas e a empresa precisar de mais dinheiro, pois uns se sentirão mais prejudicados que outros. Nesses casos, cabe prever no acordo de sociedade algum benefício ou recompensa extra aos que mais investem para evitar problemas futuros.

O seu dinheiro é fruto de muito trabalho e você perceberá que se não tiver uma gestão adequada desse precioso recurso rapidamente, as demandas do dia a dia da empresa o consumirão.

Por isso, priorize o que é mais crítico para o sucesso do negócio e não gaste em atividades secundárias. Aliás, isso é válido para qualquer fonte de recurso, não só o seu bolso!

Treine seu discurso antes de negociar com investidores

Como você abordaria um investidor para apresentar a sua oportunidade de negócio? Como seria o seu discurso de venda? Qual a contrapartida que você proporia ao investidor em troca do investimento? Por que o investidor deveria investir no seu negócio e não no da concorrência? Quando o investidor verá o retorno do investimento acontecer?

Essas são perguntas-chave que você precisa saber responder antes de abordar eventuais capitalistas interessados na sua empresa em fase inicial ou em crescimento. Atente para algumas dicas essenciais que o ajudarão neste processo:

Simule apresentações cronometradas

Tenha um discurso de venda bem preparado e treine sua apresentação. Use o plano de negócios como base e simule apresentações de 5, 15 e 30 minutos. O conteúdo exposto deverá sempre parecido, pois o que os diferencia é o seu detalhamento.

Saiba responder sobre aspectos fundamentais

No discurso de venda você precisa tratar de alguns aspectos fundamentais. A ideia ficará mais clara se você tiver preparado um plano de negócios. Saiba responder:

- Qual a oportunidade que deseja perseguir ou o problema a ser resolvido?
- Qual a solução para o problema ou a abordagem que será dada à oportunidade?
- Quanto de recursos será necessário?
- Quais os benefícios e os retornos que serão obtidos?
- O projeto tem apoiadores/parceiros estratégicos que darão suporte?
- Quais são os riscos e como estes serão mitigados/gerenciados?

Acerte a contrapartida

Nunca ofereça a contrapartida de 50% do negócio em troca do investimento, a não ser que o plano de negócios mostre que o valor investido na empresa representará metade do valor do negócio. Não cometa o erro de oferecer mais do que o necessário ou menos do que o aceitável.

Os investidores poderão desistir do acordo se perceberem que você não entende o processo de negociação ou, o pior, poderão conseguir um ótimo acordo enquanto você dilui consideravelmente a sua participação.

Lembre-se: o investimento inicial é apenas o começo. Se sua empresa crescer rápido, é provável que você precise mais investimentos e eventualmente faça uma nova rodada de captação junto a investidores. Quanto menos você diluir sua participação no início, mais poder de barganha terá no futuro!

Para sua empresa atrair investimentos, ofereça contrapartidas

Se você busca dinheiro para o negócio em fontes alternativas que não os seus próprios recursos ou os da família (ex.: investidores, fundos de investimento e programas do governo), é importante que você mostre as contrapartidas que serão oferecidas por você e sua empresa.

Isso acontece porque esse tipo de investimento não é dívida, ou seja, quando investidores colocam recursos na sua empresa eles estão assumindo o risco do negócio junto com você.

Se a sua empresa crescer e gerar lucros, todos ganham. Se acontecer o contrário, a empresa não crescer e for necessário seu fechamento, todos perdem, mas você não terá dívida com os investidores. Essa é a diferença entre buscar investimento ou financiamento.

Quando você busca investimento, geralmente a contrapartida oferecida ao investidor é uma participação no negócio. Essa participação é calculada a partir do plano de negócios da empresa, da quantidade de recursos que você precisa, da perspectiva de crescimento do negócio e de como esse recurso será administrado.

No caso dos vários programas de fomento à inovação do governo brasileiro, as contrapartidas são geralmente ligadas ao crescimento do negócio e à geração de empregos.

Se sua empresa crescer, você pagará mais impostos (em volume de recursos) e contratará mais pessoas, o que justifica o governo investir recursos até a fundo perdido (não reembolsável) em micro e pequenas empresas inovadoras.

Você já pensou nas suas contrapartidas? Não adianta apenas falar que tem uma ótima oportunidade, é necessário mostrar o que o outro lado vai ganhar em troca de lhe conceder o investimento!

Saiba onde conseguir recursos para criar o negócio próprio

Apesar de o dinheiro não ser o único ingrediente importante para o empreendedor colocar sua ideia em prática, quem pensa em empreender precisa conhecer as principais fontes de recursos existentes no Brasil para colocar uma empresa em atividade. Se você acha que os bancos são a fonte principal, está muito enganado.

A resposta é a mais óbvia possível: a principal fonte de recursos para o início de qualquer empresa é o bolso do empreendedor, ou seja, os recursos próprios. E não pense que se trata de um fenômeno brasileiro. Isso acontece na maioria dos países e tem uma explicação, já que no início de qualquer negócio os riscos são maiores e é mais difícil você convencer desconhecidos a apostar no seu projeto.

Os bancos são a segunda opção mais comum, mas geralmente exigem garantias reais para emprestar dinheiro para empresas em fase inicial, ou seja, se você não tiver patrimônio/ativos que garantam o pagamento caso a empresa não o faça, o banco não lhe emprestará o dinheiro.

Em terceiro lugar, encontram-se os parentes e amigos, que acabam sendo uma fonte próxima do empreendedor. Essas pessoas geralmente emprestam dinheiro para auxiliar o empreendedor, sem analisar com critérios técnicos a oportunidade de negócios. Na verdade, é como se colocassem dinheiro em você e não no negócio, pois querem ver o seu sonho se concretizar.

Caso você não tenha recursos próprios, não tenha garantia a apresentar aos bancos, e não tenha amigos e familiares que possam lhe ajudar, qual seria a alternativa?

Não se desespere, pois se o seu projeto de empresa for inovador, estiver bem estruturado (com um plano de negócios, por exemplo) e mostrar grande potencial de crescimento, você poderá tentar conseguir recursos de fontes alternativas.

As principais são os investidores pessoa física, também conhecidos como anjos, os bancos de investimento e até mesmo os programas de inovação do governo, que têm disponibilizado recursos consideráveis para micro e pequenas empresas.

Investimento inicial no negócio é apenas o começo

Para determinar quanto de dinheiro seu negócio precisa, analise o gráfico a seguir. Trata-se do gráfico de exposição de caixa de qualquer empresa, já que todo negócio passa por essa fase quando é criado. O que muda de um negócio para outro é o tempo no vermelho e o tamanho da depressão ou o vale da curva.

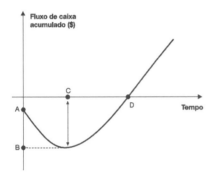

Investimento inicial (ponto A); máxima necessidade de investimento ou maior exposição de caixa (ponto B); a data do primeiro fluxo de caixa positivo (ponto C); e quando ocorrerá o retorno do investimento (ponto D).

O investimento inicial é apenas a primeira necessidade de recurso. O quanto sua empresa vai precisar de dinheiro, na verdade, é definido pelo ponto B, a máxima exposição do caixa. Assim, você deve ficar atento, pois em média essa depressão ocorre entre 12 e 24 meses na maioria dos negócios.

O ponto D mostra quando a empresa estará equilibrada, ou seja, a partir desse ponto a empresa não tem os passivos iniciais e passa então a ter lucro acumulado, até iniciar um novo ciclo para o negócio. O ponto D ocorre em média após 3,5 anos.

Note que esses dados são médias de históricos de empresas de vários setores. Assim, no seu caso os valores poderão ser ligeiramente diferentes dos aqui apresentados.

Um dado importante a ser ressaltado é que o investimento total necessário para a empresa (ponto B) acaba sendo praticamente o dobro do investimento inicial (ponto A).

Por exemplo, se o investimento inicial para abrir as portas de sua empresa foi de R$ 100 mil, é provável que você precise de outros R$ 100 mil para fazê-la sair da fase crítica inicial dos 3 a 4 anos até andar com as próprias pernas.

Esses dados ficarão mais precisos se você fizer um bom planejamento do negócio antes de colocá-lo para funcionar.

Todo empreendedor começa com menos dinheiro do que gostaria

É natural que você queira começar seu negócio com o montante de recursos completamente definido e sem precisar de mais nada, pois assim não terá problemas futuros. Mas será que na prática é o que ocorre?

Infelizmente, não é bem assim... Na verdade, os empreendedores nem sempre planejam de forma adequada o início dos negócios e estimam de forma precária a necessidade de recursos. O que ocorre é que, a partir da abertura efetiva da empresa, a realidade mostra-se bem diferente que o cenário teórico imaginado pelo empreendedor.

E, mesmo que alguns saibam disso, não esperam até conseguir todo o recurso, preferem antecipar-se com agilidade e colocar o negócio para funcionar a levantar 100% do dinheiro que imaginam ser o montante necessário.

O problema-chave a se analisar aqui é o erro ou a falta de planejamento. Principalmente quando o empreendedor é menos experiente, ele imagina apenas cenários positivos para o negócio, esquece fatores como sazonalidade, falta de experiência, marca desconhecida, competição acirrada e projeta receitas recorrentes mensais que não se mostrarão verdadeiras no início.

Nesse caso, é importante criar cenários alternativos, principalmente o que nenhum empreendedor gostaria de enfrentar, mas que não pode esquecer-se de considerar: o cenário em que as vendas não ocorrerão na velocidade imaginada.

A partir daí, o empreendedor perceberá que precisará não só do recurso inicial, mas de um recurso extra para levar a empresa até o ponto de equilíbrio, quando a própria empresa gerará os recursos suficientes para manter as operações sem a necessidade de investimento externo.

E, no caso do empreendedor ter planejado adequadamente o negócio, definido o montante necessário para fazer o negócio sair do papel, o que o ocorre não é muito diferente.

Mesmo quando o empreendedor não obtete todo o recurso do qual precisa, ele se antecipa e cria o negócio na crença que conseguirá o dinheiro em etapas. Em tese, o empreendedor não está errado, mas estará assumindo um risco calculado.

Ele sabe que terá caixa para manter a empresa por alguns meses e nesse período terá de encontrar alternativas para atrair mais dinheiro para o negócio.

Por que isso acontece? Por que os empreendedores têm apetite pelo risco? Ou por que os empreendedores não querem deixar a oportunidade passar? A resposta é um pouco de cada coisa.

O cenário ideal, no qual o empreendedor define com clareza a necessidade de investimento do negócio e consegue esse investimento, acontece com menos frequência. Por isso, mesmo que não tenha todo o recurso em mãos, pense se não vale a pena definir uma estratégia ousada e colocar o negócio para funcionar.

Mas cuidado, pois se a estratégia não funcionar, você pode quebrar a empresa antes de saber se ela realmente tinha potencial.

Não se desespere caso você não tenha dinheiro para montar o seu negócio

Você quer montar o negócio próprio, mas não possui o capital necessário para colocar sua ideia em prática? Calma, não se desespere, pois você não está sozinho!

É isso mesmo. Além de você, tenha certeza de que mais de 90% dos empreendedores ou candidatos a empreendedor encontram-se na mesma situação: têm uma ideia, querem montar um negócio ou já montaram a empresa e estão à procura do combustível essencial que fará o negócio decolar.

Se isso não serve de consolo, atente para o fato de que mesmo nessa situação os empreendedores que acreditam no próprio sonho não se desanimam com obstáculos como esses.

Os empreendedores não se limitam pela necessidade de recursos. Entendem que o dinheiro é parte essencial do processo de empreender, e buscam alternativas para conseguir obter e alocar o máximo de recursos na hora certa e no lugar certo.

Muitos desistem antes da hora e reclamam que a falta de dinheiro é o principal motivo que impede os empreendedores de criar e desenvolver seus negócios. Não é verdade. Esse é o discurso dos que não conseguiram.

Você já se perguntou quantos brasileiros estão envolvidos com o negócio próprio? Surpreenda-se: milhões de pessoas! E como eles conseguiram?

São várias as fontes, algumas já comentadas anteriormente, mas não foi a falta de dinheiro que os impediu de tentar. Pelo contrário, a motivação de fazer acontecer os levou ao próximo estágio, vencendo um desafio após o outro.

Porém, apenas motivação não é suficiente. Há que se empregar técnicas comprovadamente eficazes, praticadas pelos que conseguiram vencer a barreira da falta de recursos, para então fazer parte desse seleto grupo que busca e consegue concretizar seus projetos empreendedores.

Não se sinta prejudicado, excluído ou sem sorte. Esse tipo de sentimento não condiz com o apetite de vencer dos empreendedores.

Prepare-se, conheça o seu negócio e entenda que conseguir dinheiro é apenas uma parte do processo. E não se surpreenda com a quantidade de "nãos" que receberá. Você não será o único. Aprenda com cada "não" para melhorar o seu projeto e o seu discurso de venda para então chegar ao "sim".

Mude seu discurso, não seja mais um reclamando das condições para se empreender no Brasil. Foque no lado positivo do empreendedorismo, pois os empreendedores de sucesso conhecem suas limitações e desafios e os enfrentam com preparo e determinação.

Não pense que se sua ideia de negócio fosse desenvolvida em outro país a situação seria tão diferente.

PARTE 6
Marketing Vendas

O poder da curiosidade pode te ajudar a vender mais

O ser humano é curioso e os empreendedores deveriam ficar atentos a essa característica quando planejarem ações inovadoras de marketing. Um estudo inusitado comprovou essa tese e fornece dicas de como proceder para deixar o consumidor interessado nos seus produtos.

Os participantes de uma pesquisa ficaram mais interessados em comprar uma moeda comemorativa que estava em uma pequena caixa vermelha se eles observassem a caixa sendo aberta.

Já quando simplesmente viam a moeda na caixa já aberta o interesse era menor. O interesse continuava mesmo sabendo do que se tratava o produto, mas com a expectativa de ver a caixa se abrindo.

Essa experiência foi realizada por uma equipe de pesquisadores liderados por Yixia Sun, da Universidade Chinesa de Hong Kong. Segundo os pesquisadores, a observação da caixa sendo aberta desperta a curiosidade e traz prazer aos observadores, provocando um efeito positivo na avaliação do item dentro da caixa.

O resultado vale também quando a caixa é transparente e o produto é intrinsecamente indesejável, segundo os pesquisadores. De novo, a curiosidade é que determina a reação das pessoas nesse caso.

Além disso, ver uma caixa que está sendo aberta provoca as mesmas sensações, mesmo quando a caixa está vazia. Quando o conteúdo da caixa é desconhecido, a abertura da caixa pode provocar surpresa, polarizando avaliações do produto nela contido.

Já quando o produto é familiar, o processo de abertura da caixa influencia as avaliações dos produtos devido ao seu impacto sobre o prazer.

De prático, o que esse estudo pode ajudar os empreendedores, principalmente os envolvidos em vendas de produtos ao consumidor final, é na criação de campanhas de marketing ou estratégias de vendas.

Um exemplo, seguindo a mesma ideia das caixas, seria treinar os vendedores para que coloquem produtos com grande potencial de venda em embalagens especiais para serem abertas na frente do consumidor.

Ao apresentar tais produtos aos clientes, estes ficarão na expectativa de ver algo especial, adequadamente acondicionado, e isso pode ajudar nas vendas.

Quando se está em um momento importante como o final de ano no comércio e os empreendedores estão em busca de ideias criativas para aumentar as vendas, fica a dica de analisar os resultados dessa pesquisa para criar sua próxima estratégia inovadora de marketing.

Desenhos de rostos de pessoas nos produtos ajudam a vender mais

Vender mais é o desafio de todo empreendedor e é aí que a criatividade do brasileiro pode fazer a diferença. Há estudos que mostram ações inusitadas que você nem imagina que possam funcionar para o seu negócio e que podem trazer um bom retorno.

Um desses estudos, realizado por um grupo liderado pela pesquisadora Julia D. Hur, da Northwestern University, mostrou que as pessoas se sentem bem ao comerem biscoitos que tenham o desenho de uma face na superfície.

No experimento, pessoas que estavam em dieta sentiram-se mais à vontade ou com menos conflito interno quando lhes foi oferecido um biscoito com o desenho que lembrava um rosto, com olhos e boca.

A comparação foi feita ao serem oferecidos biscoitos sem nenhum desenho que lembrava o rosto de uma pessoa. Nesse caso, os participantes ficaram menos inclinados a comer o biscoito.

Segundo os pesquisadores, isso não significa que as pessoas gostam mais de comer algo antropomorfizado (que parece humanizado). Na verdade, as pessoas sentem-se menos responsáveis ao escolher comer tais biscoitos, mas as razões para isso ainda não são claras.

De prático, o que pode ser aproveitado da pesquisa para os empreendedores, principalmente os que atuam no ramo alimentício, é usar a criatividade para deixar seus produtos mais interessantes visualmente, despertando a curiosidade dos clientes.

Isso pode ser feito não só com biscoitos, pois a tese provada foi que as pessoas comem mais se houver o desenho de uma face no biscoito. E, de fato, isso já ocorreu em outras ocasiões.

A gigante P&G já desenvolveu um projeto no passado no qual colocava desenhos de rostos de artistas famosos sobre as batatas Pringles. O resultado foi aumento nas vendas.

Mesmo não sabendo a causa que faz tal ação aumentar as vendas, se você é empreendedor poderia testar no seu negócio tais estratégias. Lembre-se que não há a necessidade de ter o desenho de alguém famoso, mas apenas que lembre rostos de pessoas.

Um projeto piloto poderia ser feito em padarias, confeitarias, sorveterias, lojas de doces, brigadeiros etc. E o investimento para efetivar tal iniciativa é aparentemente pequeno, dependendo do seu negócio.

O risco parece também ser pequeno, pois não foram relatados depoimentos de pessoas contrariando a iniciativa ou menos inclinadas a comer os produtos pelo fato de ter desenhos de rostos de outras pessoas ou algo que se assemelhe a rostos na superfície.

Os retornos aparentes relatados pelos pesquisadores mostram que o investimento compensa, mas você só saberá quanto poderá vender a mais dando o próximo passo. Que tal tentar?

Interromper discurso de venda por alguns segundos ajuda na persuasão

Os profissionais de marketing muitas vezes procuram atenuar ou eliminar interrupções quando criam mensagens persuasivas buscando aumentar a atenção dos consumidores. Porém, um novo estudo mostra que essa estratégia pode não ser a mais correta.

Em vários experimentos realizados pelos pesquisadores Daniella Kupor e Zakary Tormala, da Universidade de Stanford, foi comprovado que uma pausa momentânea aleatória no meio da mensagem de venda pode aumentar o impacto persuasivo dessa mensagem.

Em um dos experimentos, os participantes da pesquisa que estavam sendo informados sobre uma nova marca de trufa de chocolate escuro mostraram-se dispostos a pagar cerca de 50% mais pelo produto quando a sua descrição verbal foi interrompida durante 15 segundos.

Uma interrupção desperta a curiosidade do ouvinte, aumentando o processamento mental, dizem os pesquisadores, já que em todas as situações testadas ficou clara a constatação.

Ao documentar tal efeito, o estudo refuta relatos anteriores e popularmente difundidos no mundo dos profissionais de marketing sobre os efeitos negativos das interrupções.

Isso porque, o que normalmente vemos, principalmente em mensagens publicitárias, é a tentativa de se aproveitar ao máximo os poucos segundos na TV ou no rádio, até mesmo devido ao custo de tais veiculações publicitárias.

Mas um alerta levantado pelos pesquisadores é que a interrupção não pode ocorrer logo após o conteúdo principal da mensagem que você quer passar seja apresentado, pois nesse caso o efeito da interrupção não auxiliará no aumento da persuasão da mensagem.

Esta pesquisa e seus resultados podem influenciar consideravelmente o formato da entrega de mensagens aos potenciais compradores, nos mais variados meios de comunicação. Os vários experimentos foram feitos nos Estados Unidos, mas é bastante provável que os efeitos sejam os mesmos por aqui.

Como, cada vez mais, todos tentam chamar a atenção dos clientes para que não se dispersem e comprem também por impulso, parece muito contraditório propor algo que faça justamente o contrário, ou seja, mudando o foco ou a atenção do cliente.

De todo modo, se você for um empreendedor que atua no varejo, fica fácil testar os efeitos do estudo para saber se, de fato, podem trazer mais retorno ao seu negócio.

Procure se comunicar com alguns consumidores e medir se uma breve mudança de assunto e a retomada imediata do tema principal, após alguns segundos, auxiliam na sua persuasão de venda. Os resultados podem surpreender até os mais céticos.

Produtos com preços redondos atraem mais interessados

Em momentos de crise ou mesmo de crescimento econômico, todo empreendedor tem em mente um mantra insubstituível: vender mais. Um dos requisitos para acelerar ou estimular as vendas encontra-se na precificação correta dos produtos. Trata-se de técnica e talvez um pouco de arte.

Como o tema está intimamente ligado ao dia a dia dos empreendedores, vários pesquisadores tentam descobrir fatos novos para usar como base na definição de estratégias mais assertivas de precificação de produtos.

Um novo estudo, realizado por uma equipe de pesquisadores da Universidade Cornell, nos Estados Unidos, liderados por Matt Backus, mostra que a precificação usando números redondos ajuda você a vender mais rápido, mas sabendo que terá que conceder um desconto maior ao comprador.

Para comprovar a tese, eles analisaram milhões de transações *on-line* no *site* eBay e constataram que, ao precificar um produto como múltiplo de 100, por exemplo, as ofertas de compra ocorrem de 6 a 11 dias mais cedo do que aquelas para produtos com preços precisos ou não arredondados.

E, ainda, os produtos com preços redondos tendem a receber mais ofertas de valores menores que o listado e acabam vendendo a preços 6 a 8% mais baixos, porém, com maior probabilidade de venda (até 5% mais) que os produtos similares listados a preços exatos (valores não redondos).

Eles argumentam também que resultados similares foram obtidos ao analisar transações imobiliárias, ou seja, imóveis com preços redondos tendem a vender mais rápido, mas com preço final menor ao se comparar com similares precificados com números exatos.

A conclusão dos pesquisadores é que, ao precificar um produto com números redondos, você sinaliza indiretamente ao potencial comprador que está disposto a vender a um preço menor e também mais rápido.

O consumidor ainda percebe, intuitivamente, que produtos com preços exatos (não redondos) tendem a vender a um preço final mais próximo do estipulado inicialmente ou sem possibilidades de grandes descontos.

Em época de busca de alternativas para vender mais, os empreendedores deveriam considerar tais resultados para rever a estratégia de precificação de seus produtos em estoque, principalmente aqueles de que deseja se desfazer rapidamente para gerar caixa.

O estudo foi feito para uma realidade diferente da brasileira, mas é bem provável que algo similar aconteceria se fosse realizado em grandes *sites* locais. O recado para os empreendedores é que se trata de algo simples e de fácil implementação em qualquer empresa. Por que não tentar e analisar os resultados para o seu negócio próprio?

Por que vale a pena um bate-papo informal antes de uma grande negociação

No Brasil, é muito comum um breve bate-papo entre os participantes de uma reunião de negócios, seja antes de uma negociação ou mesmo para tratar de um assunto corriqueiro dentro da empresa. E agora está provado que isso pode ser benéfico no caso de uma transação comercial.

No mundo dos negócios, os executivos de alto escalão de grandes empresas são sempre tidos como pessoas com a agenda tomada e pouco tempo para conversa fiada, no português bem claro.

Isso leva naturalmente a situações inusitadas quando os participantes de uma reunião se comportam de maneira diferente, alguns buscando quebrar o gelo antes do assunto prioritário da pauta, enquanto outros tentam ir direto ao ponto.

Tal fato ocorre com frequência quando há nas reuniões pessoas de culturas ou países diferentes, já que, normalmente, seus hábitos são distintos. No entanto, pesquisas mostram que quebrar o gelo antes de uma reunião importante de negócios é algo benéfico. E isso não foi constatado no Brasil.

Como o achado ocorreu com executivos de outros países, essa peculiaridade brasileira pode ser vista como um diferencial, uma vez que, naturalmente, a maioria dos executivos e empreendedores do país tende a conversar informalmente antes de reuniões e transações comerciais.

Para comprovar que o bate-papo funciona, foi criado um cenário hipotético em um experimento, e os participantes do estudo mostraram-se dispostos a pagar 6% a mais por uma parcela de terra se o vendedor do gênero masculino conversasse informalmente antes de negociar o acordo.

Isso demonstra que os homens se beneficiam dessa atitude antes das negociações, segundo uma equipe liderada por Brooke Shaughnessy, da Ludwig-Maximilians Universität, na Alemanha.

Agora, o mais inusitado é que, para as mulheres, tal bate-papo não surtiu nenhum efeito, embora não prejudicasse a negociação. O bate-papo entre os homens antes de negociações pode combater estereótipos masculinos (no caso alemão) de reticência, segundo os pesquisadores.

O recado que fica, principalmente para aqueles na linha de frente dos negócios, sejam esses de pequeno ou de grande porte, é que as relações humanas influenciam, e muito, em qualquer negociação.

Ser respeitoso, amistoso e ainda mostrar-se um ser humano e não apenas um homem de negócios cria empatia entre as pessoas.

Já o contrário pode transmitir sensação de arrogância e foco em excesso. De novo, como já discutido em outros textos meus, a palavra-chave aqui pode ser equilíbrio, uma vez que a pessoa que transmite leveza, segurança e, ainda sim, sabe negociar com o espírito ganha-ganha sempre será bem vista pela maioria das pessoas.

Mas não adianta começar um bate-papo informal forçado. Isso precisa ser natural e espontâneo para o tiro não sair pela culatra.

Convença pessoas a responder pesquisas de mercado com um truque simples

Quantos de nós já precisamos em determinado momento contar com a ajuda de várias outras pessoas para responder a pesquisas, completar formulários, questionários etc.? O mais comum a fazer nesses casos é enviar tudo por *e-mail,* porém o que mais dá certo é algo mais simples e muito eficaz. Segundo o que foi relatado pelo blogueiro Kevin Hogan, da *Harvard Business Review,* o pesquisador Randy Garner realizou um experimento demonstrando que, ao deixar notas escritas à mão em pequenos pedaços de papel, os destinatários dão mais atenção à requisição.

No experimento realizado com professores, 58% dos participantes ficaram mais propensos a responder a um questionário quando a requisição era deixada em sua mesa por meio de uma pequena anotação feita à mão em pedaço de papel. Em outro experimento similar, as mesmas anotações à mão em pedaços de papel levaram as pessoas a responderem mais rapidamente e em mais detalhes.

A conclusão do pesquisador é que as anotações à mão em pequenos pedaços de papel não apenas chamam a atenção das pessoas como criam uma conotação de favor especial, único e importante.

O resumo é que as pessoas se sentem especiais e não apenas um número estatístico ao receberem tais requisições.

O interessante é que, no mundo atual, no qual a tecnologia está presente em todas as situações, tais atitudes mais personalizadas são cada vez mais raras.

No caso dos empreendedores, há ainda os que tentam usar a tecnologia para criar a personalização, como aqueles *e-mails* que você recebe corretamente direcionados ao seu nome. No início, pareceriam algo especial, mas hoje já sabemos que a solução é devida a um algoritmo de *software* amplamente difundido nos aplicativos de mala-direta.

Mesmo assim, com o esforço cada vez maior de tentar mostrar às pessoas que elas são especiais e fazem parte de um grupo seleto ou um nicho especial, o desafio atual é fazer tal abordagem de maneira a convencer o seu público que o intuito é verdadeiro.

Por isso que o olho no olho, o contato pessoal e a ligação telefônica direcionada àquela pessoa com quem você quer tratar de um assunto importante ainda são essenciais.

Não se trata aqui de menosprezar a tecnologia, mas de lembrar que o contato pessoal e a atenção individualizada, mesmo quando demonstrada por meio de uma simples anotação à mão em um pedaço de papel, ainda fazem muita diferença.

Aos que estão iniciando no mundo dos negócios ou pensam em criar suas empresas nos próximos meses, vale lembrar que a maioria dos empreendedores bem-sucedidos sempre cita as pessoas como sendo o seu principal ativo. E isso não deve mudar tão cedo, ou seja, tratá-las de maneira especial não deve ser considerado um fardo ou algo contraprodutivo.

Brinde genérico a cliente fiel pode ser tiro no pé do negócio

Você provavelmente já foi agraciado com mimos de lojas após comprar produtos e deixar seus dados de contato. Essa prática pode ocorrer logo após a compra ou ainda recebendo os brindes em seu endereço. Mas engana-se o empreendedor que faz isso sem pensar nas consequências.

Não é incomum essa prática entre os lojistas, mesmo porque a maioria das pessoas gosta de receber presentes. O problema ocorre quando os presentes não são considerados algo de valor pelo cliente. O tiro, nesse caso, pode sair pela culatra.

Isso foi o que constatou uma equipe liderada por Peggy J. Liu, um estudante de doutorado na Universidade de Duke.

No estudo, os pesquisadores constataram que às vezes um pequeno presente de agradecimento pode, com certeza, ser uma má ideia, principalmente quando as empresas agraciam seus clientes fiéis com pequenos descontos ou presentes de pequena quantidade ou valor.

Quando isso ocorre, a iniciativa dos lojistas não consegue atender às expectativas dos consumidores, que podem se considerar menos valorizados do que deveriam pelo lojista.

Nesses casos, mais importante seria um reconhecimento verbal, como "muito obrigado por comprar em nossa loja e ser um cliente fiel", que dar algo que pode insultar o cliente.

Um exemplo citado pelos pesquisadores de presente de pequeno valor foi o que ocorreu com a Microsoft nos Estados Unidos e seus clientes compradores do Xbox.

Os fiéis clientes de Xbox receberam *e-cards* de aniversário no valor de 20 pontos, o que na prática valia cerca de 25 centavos. Nesse caso, segundo a tese dos pesquisadores, o melhor era não presentear.

No Brasil, também é comum essa prática, mas mais comum ainda é conceder descontos aos clientes leais. Por aqui, cupons com percentuais generosos (geralmente acima de 10%) de desconto em datas especiais geram resultados mais convidativos que brindes genéricos.

Não é à toa que os clientes brasileiros adoram uma aparente pechincha, haja vista a tendência das pessoas de entrarem em lojas, mesmo quando não estão em busca de algo específico, quando veem letreiros mostrando descontos especiais.

O recado que fica aos empreendedores é que em vez de gastar com brindes desnecessários, vale mais a pena fazer cálculos de quanto de desconto extra pode ser concedido ao cliente fiel, pensando no longo prazo, ou seja, que o retorno desse investimento no cliente não virá em uma única compra.

Naturalmente, mimos adequados ainda podem ser bem-vindos, mas antes de ofertá-los talvez caiba uma atitude simples, e bastante eficaz, por parte do lojista: realizar pesquisas de satisfação e hábitos para entender os anseios do seu consumidor.

Com dados mais claros em mãos sobre como pensam e agem seus clientes, o tiro com certeza será mais certeiro, caso o empreendedor insista em presentear os seus clientes fiéis.

Clientes valorizam mais os brindes gratuitos do que aqueles com desconto

Um estudo dos pesquisadores Mauricio Palmeira (Monash University) e Joydeep Srivastava (University of Maryland) publicado no *Journal of Consumer Research*, em dezembro de 2013, traz dados interessantes – principalmente para os empreendedores que pensam em promover seus produtos e muitas vezes criam promoções equivocadas, que acabam por depreciar os mesmos produtos.

Todo cliente gosta de promoções, mas os empreendedores deveriam saber como o cliente reage às suas ofertas para poder melhorar o resultado das vendas.

Às vezes, quando você oferece um desconto significativo em determinado produto (por exemplo, 90%), caso o cliente compre outro produto mais importante, aquele que foi ofertado com alto desconto é visto de maneira depreciativa pelo cliente.

No estudo, os pesquisadores mostraram que oferecer um produto gratuitamente junto da compra de outro produto importante valoriza o produto gratuito e a importância que o cliente dá à oferta.

Isso é mais efetivo que ofertar o produto quase gratuito e a preços baixos, o que deprecia o produto na visão do cliente.

Para exemplificar, foram feitas duas ofertas aos participantes do estudo que compraram uma lata de molho de tomate orgânico por $ 8,95. A primeira oferta foi um pacote de espaguete totalmente gratuito e a segunda oferta foi o mesmo pacote de espaguete por $ 0,50.

Ao serem perguntadas quanto pagariam pelo espaguete isoladamente, as pessoas que receberam o espaguete gratuito pagariam em média $ 2,95 e aquelas que tiveram o espaguete ofertado por $ 0,50 pagariam em média $ 1,83.

A conclusão dos pesquisadores é de que, quando um produto gratuito é oferecido junto de um produto caro, os clientes assumem que o produto gratuito vale mais do que se fosse oferecido por um desconto significativo.

Por exemplo, se ao comprar uma joia cara em uma loja um cliente ganha uma garrafa de vinho, é provável que ele avalie o vinho recebido como um produto que não é barato.

Porém, se o vinho for oferecido, por exemplo, a $ 1, é provável que o cliente avalie o mesmo vinho como um produto mais barato.

Partindo dessa premissa, os pesquisadores concluem que promoções que dão descontos significativos em produtos depreciam mais tais produtos que aquelas que os ofertam de maneira gratuita.

Para ratificar a tese, os pesquisadores citam outro exemplo: imagine que a Mercedes-Benz promoverá um carro da marca ofertando um sistema de GPS gratuitamente ao cliente. É provável que esse cliente avalie o GPS como sendo de alta qualidade, o que não ocorreria se este fosse ofertado a um preço muito barato.

Portanto, quando você for fazer uma promoção em sua empresa, lembre-se que descontos consideráveis, apesar de aparentemente mostrar que se trata de uma oferta irresistível, podem depreciar os seus produtos.

Isso não ocorreria se os produtos fossem ofertados de maneira gratuita quando o cliente compra outro em conjunto.

Consumidor evita dar presentes iguais a pessoas diferentes

Os comerciantes sabem que fazer estoque é algo importante para épocas de grandes vendas do ano, como dia das mães, Natal e outras, mas nem sempre o mesmo cliente compra mais do mesmo produto, ainda que tenha várias pessoas para presentear. Isso faz com que diversidade seja a palavra-chave para que se venda mais nesse período. Mas por que isso ocorre?

Um estudo publicado em 2013 no *Journal of Consumer Research* por Mary Steffel e Robyn A. LeBoeuf tenta explicar essa necessidade de os consumidores comprarem presentes diferentes para cada um que será presenteado, resumindo-se na superindividualização dos presentes.

O lado engraçado encontrado na pesquisa é que, de fato, as pessoas tendem a sempre buscar algo diferente para cada presenteado, em vez de buscar algo que a pessoa queira, mesmo que o que ela queira seja igual ao que será recebido pelas demais pessoas.

Isso fica ainda mais claro, no caso brasileiro, nos vários amigos secretos que são realizados no final do ano, seja na empresa, com a família, amigos etc.

Imagine alguém receber o presente igual ao de outro colega, mas nesse caso mesmo tendo sido dado por pessoas diferentes? Acaba sendo constrangedor para o presenteador e para quem recebe, já que este último pode não se sentir tão especial.

A pior parte é que quem vai presentear geralmente passa horas em busca de algo especial e quer que esse esforço fique claro, passando a sensação de ter se dedicado de maneira única a cada um que receberá seus presentes. Tudo ficaria mais fácil se as pessoas perguntassem o que o outro quer receber, mas aí o fator surpresa deixaria de existir.

Na pesquisa, foram realizados vários experimentos. Os estudiosos pediram aos participantes para escolherem presentes para uma ou mais pessoas.

Em todos os experimentos realizados, sempre um presente era previamente testado para que fosse muito mais atraente que os demais itens. Quando solicitados a comprar um presente para uma pessoa, os compradores tenderam a escolher o presente mais atraente.

Já quando tiveram que comprar presentes para várias pessoas, os compradores mudaram de postura, comprando itens não tão interessantes, mas diferentes para cada um que seria presenteado.

E você, prefere tentar saber o que cada pessoa quer ou necessita, ou tende a presentear cada um com algo diferente?

Imagem em preto e branco de produto chama a atenção para o que é essencial

Os comerciantes são muito criativos quando buscam atrair a atenção do consumidor para determinado produto em sua loja. O uso de cores pode ajudar nessa tarefa, mas engana-se quem pensa que a diversidade de cores é o que faz a diferença.

Uma das estratégias usuais dos comerciantes, quando querem colocar um produto em destaque, é selecionar um local estratégico na loja. Há ainda os que procuram descrever qualidades únicas do produto para conquistar o potencial cliente.

Mas ao entender como os olhos dos consumidores se comportam ao serem confrontados com cores diversas, o empreendedor pode se beneficiar para atrair a atenção do potencial cliente para a essência de um produto e, com isso, estimulá-lo a comprar.

Isso foi o que constatou o doutorando Hyojin Lee e outros três pesquisadores da Universidade Estadual de Ohio, nos Estados Unidos.

Nesse estudo, as pessoas que viram imagens em preto e branco de um produto mostraram-se mais propensas a focar nas características essenciais desse produto do que aquelas às quais foram apresentadas imagens coloridas, que acabaram se distraindo com características superficiais.

Por exemplo, as pessoas que viram fotos em preto e branco de rádios para *camping* ficaram quase 50% mais propensas do que aquelas que tinham visto fotos coloridas em escolher um rádio menor e mais leve (características essenciais para uma rádio de *camping*) que um rádio que era esteticamente agradável aos olhos.

Segundo os pesquisadores, imagens em preto e branco parecem chamar a atenção para o aspecto geral da forma do produto, interpretando detalhes não tão evidentes, levando as pessoas a ficar mais sensíveis aos atributos essenciais desse produto.

Isso vai de encontro à ideia de destacar com diversas cores vários atributos considerados importantes de um produto e que muito se usa em estratégias de marketing.

Por outro lado, o uso de cores pode ser importante quando o intuito não é focar a atenção do consumidor em algo essencial, mas, ao contrário, mostrar a versatilidade ou distrair a atenção com algo mais genérico.

Aos empreendedores que produzem ou comercializam produtos para o consumidor final, cabe entender qual característica se quer destacar em um produto.

Assim, o uso de preto e branco ou cores diversas dependerá do objetivo que se busca: destacar algo único e importante do produto ou, ao contrário, mostrar a versatilidade e não dar ênfase a um aspecto específico dele.

Como a direção do olhar do consumidor na prateleira influencia suas compras

Da próxima vez que você olhar para uma prateleira mais alta ou para baixo em uma loja, lembre-se que a direção do seu olhar pode influenciar sua decisão de compra.

De acordo com um novo estudo publicado no *Journal of Consumer Research*, os consumidores escolhem de maneira diferente os produtos quando olham para baixo ou para cima. O estudo foi realizado pelos pesquisadores Anneleen Van Kerckhove, Maggie Geuens e Iris Vermeir (todos da Universidade Ghent).

"Os consumidores estão tão acostumados a prestar atenção e focar quando eles estão olhando para baixo que também podem fazer isso ao selecionar um produto que fica embaixo na prateleira", diz o estudo.

"Da mesma forma, os consumidores podem estar tão acostumados a ter uma perspectiva mais ampla quando olham para cima que eles também vão fazer isso ao selecionar um produto de uma prateleira superior", afirma a pesquisa.

No experimento, os consumidores foram convidados a olhar para baixo e para cima na escolha de duas impressoras. Uma impressora foi descrita como muito confiável (uma característica específica) e a outra como de alta qualidade (uma descrição mais geral).

Os consumidores que olhavam para baixo ficaram mais propensos em selecionar a impressora "confiável", enquanto os consumidores que olhavam para cima ficaram mais propensos em selecionar a impressora de "alta qualidade".

A conclusão imediata do estudo mostra que ao saber que a direção do olhar, para cima ou para baixo, impacta os consumidores pode ajudar as empresas a definir de maneira mais acertada a disposição do produto em uma prateleira.

Um produto colocado em uma prateleira de baixo em uma loja pode ser avaliado pelo consumidor de maneira mais específica em relação às suas características e o custo, ou ainda se, de fato, poderá realizar o que promete em sua descrição.

Por outro lado, um produto colocado numa prateleira alta é mais provável de ser avaliado em termos mais gerais e para que ele serve, sem tanta atenção a detalhes.

Como concluem os pesquisadores, "os consumidores prestam atenção em diferentes aspectos dos produtos, dependendo se eles estão olhando para baixo ou para cima na escolha entre os produtos disponíveis".

As pessoas estão acostumadas a ficar mais atentas olhando para baixo porque tudo o que ocorre próximo delas pode ser importante ou até perigoso. No entanto, as pessoas ficam mais propensas a pensar mais livremente e de maneira abstrata, sem focar em detalhes, quando olham para cima, uma vez que o horizonte é amplo.

O recado que fica aos varejistas é que o processamento abstrato tem vários efeitos sobre os consumidores, tais como aumentar a sua vontade de pagar. Por isso, entender como a direção do olhar influencia a atenção do consumidor no momento da compra, pode ser útil para aumentar as vendas.

Estimular clientes a compartilhar experiências ajuda a aumentar as vendas

Com a economia patinando, muitos empreendedores inquietos buscam estratégias inovadoras para tentar manter um padrão mínimo de vendas. No setor de varejo alimentício, por exemplo, os resultados de uma pesquisa com consumidores podem ajudar nesse desafio.

Pessoas que comeram chocolate na presença de outra pessoa tiveram a sensação que o chocolate consumido era mais saboroso, ao se comparar com uma situação na qual o mesmo produto foi consumido lendo um livro e sem alguém por perto.

O experimento foi realizado por uma equipe da Universidade de Yale liderada por Erica J. Boothby.

As conclusões dos pesquisadores é que imaginar os sentimentos de outra pessoa durante um evento compartilhado pode aumentar os recursos cognitivos que você dedica à situação, intensificando a experiência.

Do ponto de vista prático, os empreendedores que criam eventos de degustação, por exemplo, em seus estabelecimentos, deveriam pensar criativamente em como fazer com que as pessoas compartilhem tais degustações, pois provavelmente o resultado de aprovação será maior.

Com isso, em tese, haverá mais possibilidade de aumento da venda de determinado produto. Um exemplo simples é o que ocorre em supermercados que promovem degustação de produtos.

Geralmente, em supermercados, as pessoas tendem a passar pelo corredor onde há a degustação, retirar o petisco, degustar e continuar suas compras, raramente comentando ou compartilhando com os "estranhos" à sua volta.

Porém, elas observam a reação dos demais. Se a reação é positiva, sua tendência de compra é maior. Por outro lado, quando a degustação é feita sem mais ninguém por perto, de fato, a reação do consumidor tende a ser ficar menos induzido a comprar.

Para provar que isso realmente ocorre, fiz o teste em um supermercado que costumo frequentar, não só degustando sozinho ou na presença de outros, mas perguntando ao vendedor que promovia a degustação qual o resultado aparente de vendas nos dois casos.

A resposta obtida em mais de uma ocasião foi a mesma, de que compartilhando a experiência as pessoas têm uma sensação mais positiva sobre o produto degustado. De fato, a intuição já seria suficiente para concluir que o compartilhamento faz parte dos desejos do ser humano e, se o empreendedor entender isso, poderá vender mais e para mais pessoas.

Além do exemplo dos supermercados, que já fazem isso há algum tempo, a ideia poderia ser extrapolada e intensificada em outras áreas de negócio, tais como restaurantes, bares, lanchonetes e, ainda, outros setores e mercados.

Com isso, além de melhorar a experiência para o cliente, você terá os próprios clientes como aliados que o ajudarão a vender mais.

Saiba precificar seus produtos para cada tipo de cliente

Definir o preço de venda de um produto há muito tempo deixou de ser uma conta simples, que se baseava apenas em acrescentar uma margem acima dos custos, já considerando sua lucratividade. Mas também não basta apenas usar a regra dos números terminando com 99.

Pesquisas recentes mostram que o consumidor tem percepções distintas quanto ao preço dependendo de sua motivação para comprar.

Em um experimento, os participantes do estudo mostraram-se mais inclinados a comprar uma garrafa de champanhe se o seu preço era um número redondo ($ 40,00 contra $ 39,72 ou $ 40,28).

Porém, quando o produto era uma calculadora, os participantes estavam mais inclinados a concretizar a compra se o seu preço (foram utilizados os mesmos números/preços) não fosse arredondado, diferentemente do que ocorreu para a champanhe.

Esses resultados foram obtidos por Monica Wadhwa, do Insead, e Kuangjie Zhang, da Universidade Tecnológica de Nanyang, em Singapura.

Essas e outras descobertas sugerem que os empreendedores podem se beneficiar se souberem usar a estratégia correta para cada categoria de produto, levando em consideração como são vistos pelos clientes ou o que os levam a comprar tais produtos.

Assim, os pesquisadores sugerem que os preços arredondados devem ser usados para situações nas quais as compras são orientadas pelos sentimentos. Já os preços não arredondados devem ser usados para compras impulsionadas pela cognição.

Tais efeitos estendem-se ainda às percepções de desempenho de um produto.

Em um experimento complementar, as pessoas acreditavam que se uma câmera fotográfica seria usada para um período de férias, as suas imagens eram melhores se o seu preço fosse arredondado.

Porém, se a câmera fosse utilizada para uma aula na escola, por exemplo, as imagens ficariam melhores se o preço da câmera não fosse arredondado.

Quais os recados que tais estudos deixam para os empreendedores? Que precificar um produto não é algo que se faz apenas com uma percepção financeira ou mesmo mercadológica (preços mais competitivos que os concorrentes, por exemplo).

Além de se analisar questões de lucratividade e a concorrência, o empreendedor pode e deve capitalizar sobre o comportamento do seu consumidor-alvo. Tudo depende de um entendimento mais claro das percepções e anseios ou motivações desse consumidor.

Para testar se o estudo se aplica ao seu caso como consumidor, da próxima vez que for comprar um produto, procure lembrar dos resultados aqui apresentados e faça sua própria análise.

Você perceberá que a conclusão do estudo, de fato, tem coerência em muitos casos e pode ser usada a seu favor, seja como empreendedor ou como consumidor.

Vendedores deveriam evitar pedir avaliação aos consumidores

Você já deve ter passado pelo menos uma vez por uma situação que tem se tornado comum: o profissional que está lhe atendendo em uma loja ou mesmo via telefone pedir para ser avaliado formalmente após a conversa ou processo de compra.

Qual o problema com essa atitude? Na verdade, trata-se de uma auditoria explícita do serviço de atendimento ao cliente e que, aparentemente, incentiva os atendentes e vendedores a focarem na excelência do atendimento ao consumidor.

Porém, a realidade é bem diferente da esperada pelas empresas e foi o que comprovou Michael A. Jones e Valerie A. Taylor, da Universidade do Tennessee, e Kristy E. Reynolds, da Universidade do Alabama.

Em um experimento, os participantes que imaginaram um cenário no qual os vendedores lhes pediam avaliações positivas mostraram-se menos satisfeitos com o serviço do que aqueles que não imaginaram tal cenário.

Segundo os pesquisadores, as lojas de varejo, onde muitas vezes os consumidores são convidados a preencher questionários e responder pesquisas de avaliação, estão cometendo equívocos, pois deveriam desencorajar tal procedimento.

As pessoas gostam de ser atendidas com naturalidade e, obviamente, de maneira correta e cordial. Porém, quando há um excesso explícito de camaradagem, pode até ficar claro que o pano de fundo é tentar obter uma ótima avaliação.

Quando o pedido de avaliação ocorre formalmente, acaba gerando constrangimento em muitos consumidores, dependendo da maneira como são abordados.

Para as empresas, principalmente as que possuem muitos funcionários na linha de frente de atendimento, a ideia parece interessante, pois gera métricas de desempenho dos funcionários.

Mas a pesquisa comprova que o efeito colateral de tal medida pode ser mais danoso que o potencial retorno da solicitação de avaliação.

Por outro lado, se a avaliação é oferecida ou disponibilizada de maneira espontânea, os consumidores interessados respondem e aqueles que não respondem não ficam constrangidos.

O recado que fica aos empreendedores é que nem sempre o que parece ser uma prática consolidada leva a resultados positivos para a empresa.

De fato, se os funcionários não forem adequadamente treinados e comunicados, eles poderão se comportar de maneira fictícia ou para receberem ótimas avaliações ou para evitar ficar no grupo dos que são mal avaliados.

Uma alternativa a esse tipo de avaliação seria analisar o resultado de vendas por funcionário e entender, com pesquisas internas com os colaboradores, o que diferencia a abordagem de um funcionário para outro.

Com isso, pode-se levantar os casos de sucesso no atendimento, sistematizar os procedimentos e disseminar as melhores práticas junto a todos os colaboradores.

 # Monte seu comércio ao lado de um grande competidor

Um dos pilares mais importantes do composto de marketing de muitos negócios é sua localização. Disso, muitos empreendedores já sabem. Porém, o que para uns parece loucura, na verdade, se mostra uma estratégia inteligente.

Ao criar uma empresa ainda pequena, a maioria pensa em evitar bater de frente com grandes competidores, pois aparentemente é o mais lógico a fazer.

Mas pesquisas realizadas com consumidores em potencial mostram que há ocasiões especiais nas quais eles ficam mais propensos a comprar em pequenos estabelecimentos que em grandes concorrentes e com marcas nacionalmente conhecidas.

Isso foi o que constatou uma equipe de pesquisadores liderada por Neeru Paharia, da Georgetown University.

Quando potenciais clientes de uma pequena livraria foram informados que o principal concorrente do estabelecimento era uma empresa de bilhões em faturamento, 34% das pessoas ficaram muito mais propensas a fazer compras na pequena livraria.

Esse resultado foi obtido ao se comparar a mesma situação, mas dizendo que os principais concorrentes eram pequenos estabelecimentos do mesmo porte da livraria em questão.

Essa e outras pesquisas demonstram que os consumidores ficam muito mais propensos a comprar em pequenos estabelecimentos quando grandes empresas já conhecidas são claramente identificadas como competidores diretos.

Um achado interessante da mesma pesquisa mostra que esse efeito de propensão a comprar dos pequenos diminui à medida que os concorrentes de maior porte estão fisicamente mais distantes.

O principal recado disso tudo para o empreendedor é que em sua estratégia de localização vale a pena pesquisar por pontos de venda próximos a estabelecimentos âncora, mesmo que sejam competidores diretos.

Naturalmente, o consumidor estar propenso a comprar em sua loja não significa que o fará automaticamente. Principalmente quando o interesse é por produtos considerados *commodity*, a questão do preço fala mais alto e nesses casos é provável que os grandes se saiam melhor.

Então, além de pensar na localização estratégica, cabe definir com muito critério o *mix* de produtos da loja para oferecer itens diferenciados e, claro, um ótimo atendimento.

As pessoas, de fato, ficam muito mais à vontade quando estão em ambientes mais intimistas, com ofertas únicas e onde o atendimento é simpático. E isso raramente se obtém em grandes estabelecimentos.

O tipo de música ambiente pode ser favorável às vendas

Muitos estabelecimentos comerciais têm o hábito de tentar descontrair o potencial comprador, inclusive oferecendo música ambiente. Isso não é novidade para ninguém. Mas o tipo de música que se ouve nesses lugares pode influenciar nas vendas.

Isso foi o que constatou uma equipe de pesquisadores liderada por Shan Feng, da William Paterson University. Em um experimento, grupos de pessoas que estavam tentando poupar dinheiro, ou economizar nas compras, foram expostas a duas situações distintas.

Em uma delas, a música ambiente era mais calma e clássica, proporcionando certo alívio e permitindo, em contrapartida, mais propensão a fazer cálculos matemáticos. Com isso, os participantes pensaram duas vezes antes de efetuar a compra.

Na outra situação, os participantes da pesquisa foram expostos a músicas mais agitadas e de ritmo rápido. O efeito foi o contrário, fazendo com que os participantes evitassem fazer cálculos matemáticos.

Analisando os resultados de maneira pragmática, os estabelecimentos comerciais podem capitalizar sobre a estratégia do tipo de música que oferecem em seu ambiente. Isso pode induzir os compradores a tentar comprar mais rapidamente sem uma análise racional apurada.

Por outro lado, não é todo cliente que se sente confortável em ambientes agitados e, com isso, antes mesmo de entrar no ambiente ou estabelecimento com música de ritmo mais acelerado ele pode desistir de tentar comprar.

Intuitivamente e talvez por costume, muitos estabelecimentos já fazem isso há anos. Mas é mais comum encontrar estabelecimentos comerciais com música agitada voltada aos jovens. Esse é o estereótipo do setor.

O empreendedor do comércio tem buscado usar de todas as ferramentas estratégicas disponíveis para vender mais. E em momentos como o atual, em que o crescimento econômico do país está patinando, talvez caiba pensar em como usar o achado da pesquisa a seu favor.

A dica é não exagerar na dose, pois se o seu público cativo for de maioria que não gosta nem de entrar em estabelecimentos de música agitada, a estratégia pode ser desastrosa.

Já para o consumidor a dica é pensar que há (ou pode haver) uma estratégia deliberada do estabelecimento em relação à música ambiente.

Naturalmente, não será todo mundo que pensará nisso no ato de comprar, mas se uma simples lembrança acontecer, isso pode bloquear o efeito da música.

E você, como tem sido a sua atitude em ambientes com música ambiente? Já havia analisado sua reação, propensão ou tendência de evitar comprar dependendo do que está tocando no estabelecimento comercial? Cabe prestar atenção na sua próxima compra!

A nostalgia pode ser um instrumento poderoso de marketing

Muitas pessoas gostam de resgatar sentimentos prazerosos de momentos do passado e não se cansam em dizer "antigamente, isso era bem melhor". E os marqueteiros já aprenderam, há um bom tempo, a capitalizar sobre esse comportamento em prol dos negócios.

Não é de hoje que os que trabalham com marketing sabem que o uso da nostalgia pode ser um instrumento poderoso no convencimento dos consumidores em se desapegarem do dinheiro e decidirem comprar ou até pagar mais por algo. E agora há estudos que compravam tal fato.

Um deles foi desenvolvido por uma equipe de pesquisadores liderados por Jannine D. Lasaleta, da Escola de Administração de Grenoble, na França. Em um experimento, os sentimentos nostálgicos aumentaram a disposição das pessoas em pagar por objetos desejados.

Em outro, os participantes foram convidados a desenhar figuras de moedas após descreverem uma experiência ou evento nostálgico. Ao serem comparados com um grupo de controle, os que descreveram eventos nostálgicos desenharam as moedas com tamanho 10% menor.

A conclusão é que induzir os consumidores a resgatarem ou terem sentimentos calorosos sobre um passado que apreciam faz com que eles se desprendam do dinheiro e, com isso, tendam a pagar por algo que desejam e até a gastar mais.

A questão, porém, é mais profunda que apenas uma estratégia de marketing, pois faz as pessoas pensarem na vida, no que já vivenciaram e no que ainda têm pela frente.

Nesses momentos, não é difícil pensar (e muitas vezes concretizar o que se pensou): por que não? Se eu comprar esse determinado produto posso me satisfazer um pouco e fugir das amarras do mundo moderno, de contenção de despesas, planejamento financeiro etc.

Mas esse comportamento pode ser também uma armadilha poderosa e danosa, caso torne-se sistemático. Muitos consumidores tendem a agir de maneira não racional com muita frequência, e isso pode levá-los a sentimentos antagônicos após a concretização da compra.

Aos empreendedores, fica o recado que muitos já conhecem na prática. De fato, usar eventos nostálgicos como maneira de inspirar os consumidores a gastar por determinado produto pode ser uma estratégia muito eficaz.

E você, já se deixou seduzir por algo parecido como consumidor? Em caso afirmativo, já se arrependeu por ter agido assim?

Produtos sustentáveis nem sempre são bem-vistos por consumidores

Sustentabilidade e produtos verdes deixaram de ser uma tendência e já fazem parte da rotina de consumidores e empresas. Mas muitas empresas podem estar usando estratégias erradas para ganhar mercado capitalizando sobre as características verdes de seus produtos.

Cada vez mais pessoas, quando decidem comprar um produto de consumo, optam pelos considerados mais sustentáveis. No entanto, o quesito preço ainda é um fator determinante no ato da compra, principalmente para as classes menos favorecidas.

Além da busca de um preço competitivo, as empresas deveriam se preocupar também em como transmitir a mensagem de sustentabilidade ao provável consumidor, bem como de que maneira as características de sustentabilidade de determinado produto foram obtidas.

Em um estudo realizado por pesquisadores liderados por George E. Newman, da Yale University, as pessoas mostraram-se mais propensas em comprar um detergente quando souberam que seus benefícios de sustentabilidade foram obtidos de maneira não planejada.

É algo como comprar um produto que tem um "efeito colateral não intencional" que acaba sendo uma característica positiva desse produto, por não agredir o ambiente.

Já quando o detergente possuía características benéficas ao ambiente e que foram desenvolvidas ou obtidas de maneira planejada ou intencional, as pessoas mostraram-se menos interessadas. E isso ocorreu para outros produtos também.

Segundo os pesquisadores, os consumidores tendem a assumir que determinada melhoria de um produto em uma dimensão (nesse caso, menor impacto ambiental) é obtida em detrimento de outra característica.

A ideia de um produto tão eficaz quanto os concorrentes (não sustentáveis) e também ambientalmente correto ainda gera ceticismo nos consumidores, a não ser quando seus benefícios parecerem ter sido obtidos por um golpe de sorte ou naturalmente.

Trata-se de alerta interessante aos empreendedores envolvidos com negócios que têm a sustentabilidade como um valor essencial. Ao apresentar os atributos positivos do produto no quesito sustentabilidade, não se pode esquecer de comparar demais atributos essenciais.

E se a sustentabilidade, de fato, foi obtida à custa de outros atributos ou características (por exemplo, diminuição de *performance,* menor durabilidade etc.), sua penetração no mercado será mais desafiadora.

A magia dos preços que terminam com 99

Os empreendedores, principalmente aqueles que atuam no varejo, sabem na prática que pequenas variações no preço final de um produto induzem o cliente a comprar mais. E há uma magia quando o preço termina com 99.

Mesmo assim, ainda não é incomum encontrar no comércio, por exemplo, produtos sendo ofertados com os preços cheios, sem aparentes descontos. Isso leva o consumidor a não ter tanto interesse quanto teria se a percepção de desconto fosse maior.

Para provar tal teoria, pesquisadores liderados por Jungsil Choi, da Universidade Estadual de Cleveland, em Ohio, Estados Unidos, fizeram um experimento inusitado.

Inicialmente, ofertaram a várias pessoas dois *laptops* pelo mesmo preço de US$ 600, porém, um deles com visual muito mais atrativo do que o outro. Mesmo assim, cerca de metade dos participantes do estudo escolheram um ou outro *laptop*, não havendo um que prevalecesse.

No entanto, quando ambos os *laptops* foram precificados a US$ 599, cerca de 85% dos participantes escolheram o mais atrativo.

A razão aparente para tal fenômeno é que os preços que terminam em 99 levam a uma ideia de desconto, o que minimiza o sentimento de culpa dos consumidores, fazendo com que a compra torne-se não só algo prazeroso, mas também útil.

Nesse momento, os atributos extras do *laptop* mais atraente tiveram grande relevância na escolha, já que o outro *laptop* aparentemente não era tão interessante.

Por mais simples que possa parecer esse fato, quem já não ficou tentado a comprar algo porque havia um aparente desconto? Ou preteriu um produto mais bonito por não estar com desconto?

Mesmo com a facilidade que existe hoje em dia em pesquisar preços de produtos na internet antes de efetuar a compra, essa magia parece perdurar.

Por exemplo, ao pesquisar em *sites* como o Buscapé, você pode encontrar os menores preços não necessariamente com o final 99.

Isso deveria servir de alerta caso você seja um lojista e tenha o menor preço dentre todos os concorrentes. Não se esqueça de, além de oferecer o menor preço, fazê-lo preferencialmente terminar com 99. Depois, verifique se suas vendas aumentam. É provável que sim.

Trata-se de algo simples e que muitos já praticam, mas que alguns empreendedores ainda acham que não traz resultados. Nada como uma pesquisa com dados estatísticos para provar que, de fato, essa estratégia funciona.

Clientes podem pagar mais quando estão em ambientes mais quentes

Compradores de um *shopping* virtual bastante popular nos Estados Unidos mostraram-se 46% mais dispostos a comprar algo no *site* quando a temperatura média diária estava em torno de 25 °C do que quando estava em torno de 20 °C.

O estudo foi conduzido por Yonat Zwebner, da The Hebrew University of Jerusalem, Leonard Lee, da Columbia University, e Jacob Goldenberg, do Interdisciplinary Center de Israel.

Os pesquisadores constataram, ainda, que as pessoas em uma sala mais quente estão dispostas a pagar mais do que aquelas em uma sala mais fria.

A exposição ao ambiente mais quente ativa o conceito de calor emocional, evocando reações positivas e aumentando a percepção de valor dos produtos pelos clientes. Essa foi a conclusão dos pesquisadores.

Do ponto de vista prático, este estudo pode ratificar algumas práticas conduzidas empiricamente por lojistas. Note que quando você está em um ambiente com temperatura agradável (não tão quente, mas nunca tão frio) talvez fique, de fato, mais propenso a comprar.

Por outro lado, não é incomum visitar *shoppings,* lojas de departamento e até mesmo lojas de rua que exageram no ar-condicionado. Mesmo sabendo que vivemos em um país tropical com temperaturas médias altas, o desconforto do exagero do frio é sentido por muita gente.

Naturalmente, deve-se tomar cuidado e considerar as ressalvas do resultado da pesquisa antes de transpô-lo totalmente para o Brasil. Nota-se que a temperatura média de 25 °C é comum no Brasil e a de 20 °C é mais típica dos estados do Sul e alguns do Sudeste.

O fato é que se você for empreender um negócio voltado ao comércio, criar uma loja, seja na rua ou em *shopping,* deve se preocupar com o calor emocional dos clientes, e não só com a qualidade e variedade dos produtos que oferece.

Esses detalhes nem passam pela cabeça do empreendedor quando está planejando o seu negócio, mas pelos resultados da pesquisa podem ser determinantes no processo de venda, talvez principalmente quando o cliente está indeciso.

O ideal seria replicar a pesquisa para a realidade brasileira, mas enquanto isso não ocorre, talvez valha a pena seguir o conselho dos pesquisadores, já que perder venda nenhum empreendedor deseja. Trata-se de algo simples e fácil de colocar em prática.

Não ofereça muitas opções visuais aos consumidores

Quando você vai às compras, ou mesmo quando está passeando em ruas de comércio e *shopping centers*, é natural que o apelo visual das ofertas esteja presente em todos os cantos e para todos os gostos.

Na tentativa de atrair a atenção dos clientes, os lojistas fazem de tudo para chamar a atenção. Isso também ocorre quando você está navegando em lojas virtuais, pois as opções visuais parecem ser ainda mais diversificadas.

O senso comum, até então, dizia que oferecer a maior quantidade possível de opções visuais, cores etc., seria um atrativo para trazer à loja física ou reter no *site* o cliente em potencial. Porém, uma pesquisa recente mostrou o contrário.

É o que constaram as pesquisadoras Claudia Townsend, da University of Miami, e Barbara E. Kahn, da Wharton School.

Elas observaram que os compradores *on-line* adoram ver imagens de produtos, mas ficam confusos quando há muitas opções visuais, preferindo ler informações textuais para tomar decisões melhores.

E o pior, quando há muitas opções visuais os consumidores podem desistir da compra devido à confusão gerada no processo de escolha. Tudo isso inconscientemente. Um dos experimentos realizados pelas pesquisadoras baseou-se na oferta de 27 diferentes tipos de biscoito aos participantes.

E os resultados mostraram que os potenciais consumidores ficaram cinco vezes mais propensos a não escolher nenhuma das 27 opções quando eram apresentadas apenas de maneira visual do que quando foram apresentadas em forma textual.

A conclusão das pesquisas é de que a informação textual leva as pessoas a agir mais lentamente, com um estilo de processamento mental mais sistemático, ou seja, mais racionalmente.

Esse achado pode ser usado pelos empreendedores para definir a melhor estratégia de venda de produtos *on-line* ou não. Se a ideia é estimular a compra por impulso, talvez a oferta visual de produtos seja a mais indicada.

Porém, se a ideia é mostrar ao cliente uma variedade considerável de produtos e seus diferenciais, não basta apenas o aspecto visual, cores etc., há que se apresentar informação textual para ajudar o consumidor a definir qual opção comprar.

É claro que o tipo de produto também influencia na estratégia a ser adotada, bem como o preço e a finalidade para o consumidor.

Produtos de maior valor agregado ou tecnológicos devem ser apresentados mostrando seus diferenciais, benefícios e, inclusive, características técnicas, apesar destas últimas serem mais úteis para os que entendem de tecnologia.

Por outro lado, como a experiência feita pelas pesquisadoras envolveu produtos de consumo com preços bem mais em conta que os tecnológicos, é interessante observar que as pessoas cada vez mais se interessam também por questões-chave como quantidade de caloria, sódio, se é orgânico, composição química etc., no caso de alimentos.

Quer vender mais? Fica a dica: defina sua estratégia com critérios diferentes dependendo da variedade de produtos e saiba usar tanto o lado visual dos produtos como informações textuais.

Lembre-se ainda que nem sempre a maior quantidade possível de opções ajuda a vender. Pode ser o contrário.

Por que você deveria oferecer sempre duas opções de compra aos clientes

Um experimento realizado com clientes interessados em aparelhos de DVD mostrou que as pessoas estão mais propensas a comprar quando pelo menos dois diferentes produtos ou marcas são oferecidos.

Quando a oferta é de um único produto, a tendência de compra diminui. Essa constatação pode auxiliar os varejistas no planejamento de suas ofertas e na estratégia de venda mais acertada para aumentar os resultados das lojas.

A pesquisa foi realizada por Daniel Mochon, da Universidade de Tulane. Para realizar o experimento, foram criados três grupos de pessoas interessadas em comprar aparelhos de DVD.

Ao primeiro grupo foi oferecido apenas um aparelho da marca Sony; ao segundo grupo foi oferecido apenas um aparelho da marca Philips; e ao terceiro grupo foram oferecidos ambos os aparelhos.

O resultado do interesse de compra dos dois primeiros grupos foi muito parecido. Apenas 9% ou 10% das pessoas comprariam o aparelho ofertado. Porém, para o terceiro grupo o resultado foi muito mais expressivo: 32% das pessoas comprariam uma das marcas e 34% das pessoas comprariam a outra marca.

O pesquisador concluiu que, apesar de ultimamente os varejistas ficarem preocupados com as armadilhas de apresentar muitas opções de compra aos consumidores (o que pode confundi-los e retardar a decisão de compra até terem certeza de qual opção escolher), o contrário também é problemático.

Ou seja, os consumidores podem reagir negativamente quando suas opções de escolha são muito restritivas.

Imagine que um consumidor queira comprar um aparelho de celular. Reduzir a seleção de ofertas deveria tornar mais fácil a decisão de compra. Porém, se a oferta se restringir a apenas um aparelho, provavelmente essa facilidade aparente deixará de existir.

Trata-se de um achado interessante e que pode auxiliar os varejistas em suas ofertas de produtos. Ao oferecer apenas um produto ao cliente em potencial, ele pode buscar alternativas na concorrência e o varejista corre o risco de perder o cliente.

Portanto, assegurar uma venda, que na maioria das vezes está ancorada no fator preço, vai além desse atributo.

O lojista precisa atentar para o fato de que a decisão de compra não é influenciada apenas por sua oferta ser competitiva em preço, mas em oferecer ao cliente opções suficientes que intuitivamente retenham sua atenção e o interesse de comprar em sua loja.

Um detalhe que faz as pessoas pagarem mais gorjetas em restaurantes

No Brasil e em muitos países europeus, como a França, a gorjeta ou a taxa de serviço já vem discriminada na conta dos restaurantes, geralmente no valor de 10%. É uma taxa opcional, mas a maioria das pessoas paga.

Intrigado em verificar o que faria as pessoas pagarem gorjetas extras, além dos já tradicionais 10%, um pesquisador francês realizou um experimento inusitado que levou 46% dos clientes a deixarem gorjeta extra ao pagarem suas contas.

O pesquisador Nicolas Guéguen, da Université de Bretagne Sud, testou sua ideia em três restaurantes diferentes. Em cada um deles a conta era apresentada aos clientes sempre embaixo de um prato. Foram usados três pratos diferentes: um no formato de coração, outro no formato redondo e um último no formato quadrado.

Os clientes que receberam a conta no prato em formato de coração deixaram mais gorjetas do que os demais. Precisamente, deixaram gorjeta: 46,3% dos clientes que receberam a conta no prato em formato de coração; 31,2% dos clientes que receberam a conta no prato redondo; e 26,2% dos clientes que receberam a conta no prato quadrado.

Segundo o autor da pesquisa, um simples detalhe físico no ambiente, tal como o prato em formato de coração, faz as pessoas pensarem no amor, ativando seu altruísmo e o comportamento de ajudar o próximo.

Mas o interessante dessa pesquisa é entender como o ambiente e ações aparentemente simples podem induzir as pessoas a abrir a carteira e tornarem-se mais generosas. Claro que tudo isso só vai funcionar se a experiência tiver sido positiva, ou seja, se a comida e o serviço tiverem sido adequados na visão do cliente.

Fica a dica para os restaurantes brasileiros testarem essa ideia, caso ainda não a tenham feito. Porém, no Brasil, muitos restaurantes não distribuem a gorjeta de maneira igualitária aos garçons, o pessoal da cozinha e os gestores.

Aliás, há restaurantes que cobram os 10% ou mais apenas para incrementar o valor da receita do negócio, sem distribuí-los aos funcionários envolvidos com o serviço ao cliente. E isso faz com que muitos clientes se recusem a dar gorjeta, talvez até mesmo com o prato em formato de coração.

E você, deixaria uma gorjeta extra se a conta viesse no formato de coração ou não seria influenciado por isso?

Diga não à obsessão com o marketing viral na internet

Quem trabalha com negócios *on-line* geralmente diz que tornar uma campanha na internet algo viral é o caminho para o apogeu. Mas estudos e a experiência dos envolvidos com o tema mostram que a popularidade instantânea pode não ser tão benéfica assim.

Segundo David Spitz, especialista no assunto, os marqueteiros cometem muitos erros quando tentam fazer com que suas mensagens viralizem. Uma das falhas é no desenvolvimento de relacionamentos com as pessoas que, de fato, divulgam seu conteúdo.

Para os iniciantes, a dica é parar de buscar alvos genéricos e sem critérios para aumentar a audiência, parar de atender o máximo de consumidores sem critérios e deixar de almejar um grande número de curtidas no Facebook, Instagram e outras redes sociais.

O foco deveria ser cuidar das pessoas importantes para o seu marketing, chamados de multiplicadores. Assim, o objetivo deixa de ser conseguir algo viral, que nem sempre traz resultados efetivos (conversão em vendas).

Um exemplo é quando alguém assiste a um vídeo, compartilha seu conteúdo, mas o marqueteiro de plantão não sabe quem essa pessoa é. O relacionamento com o consumidor acaba aqui.

Em vez disso, se você identificar seus multiplicadores, os resultados podem ser diferentes. Busque conhecer quem são. E não há necessidade de remunerá-los ou dar prêmios. Basta reconhecê-los publicamente.

Isso pode ser feito dando algum destaque ao multiplicador no seu *website* ou respondendo a ele em sua rede social, o que geralmente é mais que suficiente para gerar engajamento.

E ainda, você pode mantê-lo atualizado por *e-mail* e mostrando a ele as novidades com antecipação. Assim, você consegue uma massa crítica que vai divulgar sua marca com prazer e afinidade e, com certeza, incentivar outros a fazê-lo.

Isso é muito comum em *websites* ou lojas de *e-commerce* nos Estados Unidos, mas não tão usual no Brasil.

Talvez caiba aos nossos empreendedores envolvidos com *startups* de internet pensar o marketing não apenas como publicidade, mas como uma poderosa ferramenta de relacionamento com os consumidores.

Marketing vai além de criar campanhas com foco em atingir a maior quantidade de pessoas possível. O bom e velho marketing ainda cabe na nova era de negócios digitais. Ou seja, há que se pensar na melhor estratégia para atender adequadamente cada público-alvo.

Comunicação das empresas em mídias sociais precisa ter conteúdo relevante

As empresas têm destinado cada vez mais recursos para o marketing nas mídias sociais, já que não são mais uma tendência e sim uma realidade. Mas uma pesquisa divulgada pela Gallup coloca em dúvida a eficácia desse esforço.

Isso é o que argumenta Ed O'Boyle, colunista da *Harvard Business Review*, ao analisar em detalhes o resultado do estudo. Muitos líderes acreditam que quanto mais *posts* forem produzidos sobre seus produtos/serviços, maiores serão os resultados para a empresa.

Contrariando essa lógica, os resultados da pesquisa mostram que 62% dos adultos norte-americanos dizem não ser influenciados em suas decisões de compra pelos anúncios nos *sites* de mídia social, tais como o Facebook. Outros 30% dizem ser relativamente influenciados.

Apenas 5% dizem ser fortemente influenciados pelos anúncios ao decidir o que comprar. E, apesar de muitas empresas buscarem recordes de *likes* em suas páginas, apenas 34% daqueles que dão *like* se dizem influenciados e 54% dizem não sofrer qualquer impacto.

Ao comparar com formas mais tradicionais de mídia social e relacionamento, a pesquisa constatou o que para muitos é óbvio: as pessoas são muito mais influenciadas pelos familiares e amigos. Em síntese, não é a quantidade de pessoas que importa, mas a qualidade da opinião.

Esses resultados trazem diferentes perspectivas para a publicidade *on-line*, uma vez que a lógica de obter recordes de acesso no *site* ou de *likes* na *fanpage* pode não ser o mais eficaz.

As empresas precisam buscar uma comunicação cada vez mais verdadeira, sem tentar "enganar" o consumidor com *cases* bonitos ou histórias comoventes que, no fundo, tentam esconder o objetivo principal: vender mais.

As pessoas querem uma comunicação autêntica nas mídias sociais. Elas querem ainda ser atendidas prontamente (não há nada pior que receber um *e-mail* automático de resposta a uma pergunta clara ou ser direcionado para conversar com um robô no *site* da empresa).

E o conteúdo das páginas precisa ser atrativo, objetivo (ou denso, dependendo de quem você quer atender) e que tenha, de fato, um diferencial, já que conteúdo virou *commodity* na internet e você consegue achar tudo em todo lugar.

O fato é que todos querem ser atendidos de maneira única, querem uma experiência única e não querem ser tratados como mais um pelas empresas. Esse é desafio das grandes, médias e, principalmente, das empresas iniciantes, que podem crescer rápido com a estratégia certa.

Os resultados apresentados na pesquisa citada tratam principalmente do mercado norte-americano, mas não parece ser muito diferente por aqui. E você, como se comporta nas mídias sociais? Como você avalia o poder de persuasão das empresas em relação a sua decisão de compra?

Quem vende pela internet deve sempre mostrar o preço cheio dos produtos

Você provavelmente já fez compras pela internet e notou que, ao final do processo, dependendo do que comprou e da empresa que vendeu, muitas vezes há taxas ocultas que só aparecem no último momento.

A maioria das empresas que vendem *on-line* pratica tal estratégia partindo da premissa que o consumidor vai comparar o preço do produto em outros *sites* e decidirá a compra no *site* que vender pelo menor preço.

É claro que muitas pessoas preferem comprar também em varejistas conhecidos, confiáveis, bem qualificados e até pagam mais por isso. No entanto, a grande maioria das pessoas é mais sensível ao preço, principalmente quando os produtos são *commodities*.

Mas pesquisas mostram que as empresas deveriam considerar a estratégia de preço cheio, incluindo todos os custos, taxas, frete etc. É o que afirma o pesquisador Rafi Mohammed. Ele analisou em detalhes a nova estratégia da StubHub, um *site* que comercializa ingressos.

Mesmo que aparentemente apresentar o preço cheio final maior possa levar o cliente a considerar a compra em outro *site*, essa estratégia funciona quando algumas das taxas já estão embutidas no preço inicial.

Isso porque os consumidores tendem a olhar os preços de maneira sequencial. Por exemplo, se um produto é vendido já com descontos a R$ 50, mas ao final aparece o custo do frete de R$ 15, muita gente vai desanimar e não comprará.

Por outro lado, se o produto já é ofertado com o preço cheio a R$ 65 e com frete grátis ou mesmo a R$ 60 e com R$ 5 de frete, mais pessoas vão se interessar na compra. Isso foi constatado pelo pesquisador.

Essa análise traz importantes considerações para os varejistas *on-line*, já que o consumidor brasileiro cada vez mais pesquisa os preços em *sites* de comparação e depois compra *on-line* ou mesmo em lojas físicas após saber quem tem a melhor oferta.

O que aparentemente é uma estratégia sem lógica, já que o preço ofertado fica mais caro se comparado com o dos demais competidores, na verdade pode ser uma alternativa para atrair clientes, como foi constatada na pesquisa.

É claro que se você consegue ser ainda mais competitivo e ter um preço praticamente similar à concorrência, já considerando todas as taxas, a estratégia será ainda mais efetiva.

Aos varejistas *on-line* fica o desafio. Se não acreditarem que isso pode dar certo, a sugestão é fazer um teste piloto com alguns poucos produtos e avaliar o resultado. A conclusão poderá surpreender!

Empresas usam pressão social das redes para atrair clientes

Apesar de a ideia de usar a pressão para persuadir alguém a tomar determinada decisão ter uma conotação geral negativa, algumas empresas se inspiram na pressão coletiva ao lançarem novos produtos.

Não é novidade para os empreendedores que muitas pessoas tendem a seguir seus pares ao adquirir determinado produto ou serviço. A ideia de seguir padrões de pessoas da sua comunidade ou que pertençam ao seu grupo faz com que você se sinta inserido.

Do ponto de vista dos negócios, muitos empreendedores usam essa tendência ou comportamento para instigar mais pessoas.

Um exemplo típico citado pelo pesquisador Robyn Bolton, que estudou esse tema, é o da companhia de energia que apresenta os gráficos comparativos de consumo dos seus vizinhos para inspirá-lo (ou pressioná-lo) a consumir de maneira mais eficiente.

Aliás, essa tática poderia ser usada de maneira ampla nos condomínios de São Paulo que possuem controle interno do consumo de água. Seria uma maneira de incentivar mais pessoas a consumir menos água, algo de extrema importância nos dias atuais.

Outro exemplo é o caso de academias que resolvem oferecer aos usuários uma opção para medirem a si mesmos e se compararem com colegas e amigos, na esperança de que a competição os encorajará a se exercitar.

Mais um exemplo nessa mesma linha são os aplicativos usados por amantes de corrida que, ao praticarem seus treinos, podem comparar seu desempenho com o de pessoas de sua rede social. Com isso há um estimulo extra para melhorar seus próprios índices.

Em tempos de exposição maciça na mídia e de compartilhamento nas redes sociais, os empreendedores podem e devem capitalizar sobre as oportunidades de vender mais com base nessa tendência.

De maneira indireta, você acaba tendo pessoas praticando, mesmo sem saber, o papel de vendedores idôneos e que ajudarão seus produtos a venderem mais rapidamente.

Por isso, na próxima vez que for lançar um produto ou mesmo reformular a estratégia de venda de produtos atuais, pense no poder da pressão exercida pelas pessoas de uma mesma comunidade e que fazem o potencial cliente consumir mais.

Uma boa história ajuda a aumentar o preço de um produto

O que faria você pagar mais por um produto aparentemente sem grandes diferenciais e que pode ser encontrado em diversos locais? Por exemplo, uma torradeira, um par de tênis, uma réplica de um quadro?

Parece estranho, mas as pessoas pagam, e muito mais do que se imagina, quando há uma história e um contexto que envolve a oferta dos produtos.

Todo empreendedor deveria pensar em contar histórias sobre seus produtos, pois isso pode aumentar o interesse das pessoas e, assim, conseguir um preço de venda mais interessante para a empresa.

Definir o preço de um produto já não é uma tarefa simples há muito tempo. Os especialistas em marketing sabem que não basta apenas incluir uma margem sobre o custo do produto e colocá-lo à venda.

Há que se analisar o preço praticado pela concorrência, a percepção de valor atribuída ao produto pelo potencial consumidor e o posicionamento que você quer dar ao produto no mercado e que muitas vezes decorre do posicionamento da empresa como um todo.

Uma maneira inusitada de aumentar o valor percebido por um produto pelo consumidor é contar uma história na qual o produto tenha papel importante, mas não necessariamente de protagonista, ou seja, não se trata de contar a história do produto em si.

De acordo com Ty Montague, da *Harvard Business Review*, quem começou a pesquisar em detalhes tal efeito foi o colunista da *New York Times Magazine*, Rob Walker, em 2006. Os resultados foram tão inusitados que a pesquisa tomou corpo e levou à criação de um *site* (http://significantobjects.com) e de um livro sobre o assunto.

A questão que Walker queria responder era por que alguns produtos eram vendidos a preços muitas vezes maiores do que o de outros produtos aparentemente similares.

Para testar sua hipótese de que as pessoas valorizam mais o contexto e a história na qual os produtos estão inseridos e, por isso, topam pagar valores considerados exagerados para a maioria, lançou mão de uma estratégia simples.

Ele comprou vários produtos de $ 1 a $ 4, inclusive em lojas de usados. Exemplos de produtos: uma banana de plástico, uma chave usada de quarto de hotel encontrada na rua por alguém, uma pequena maleta de madeira etc.

Depois, ele pediu para escritores desconhecidos escreverem histórias nas quais tais produtos fossem citados. Em seguida, ele colocou os produtos à venda no eBay contextualizados pela história criada para cada um.

O resultado foi impressionante. Em média, os produtos tiveram um aumento de 2.700% no valor.

A conclusão é simples, mas importante: contar uma história relevante e com significado para o consumidor pode ser uma estratégia extremamente valiosa e que aumentará o potencial de ganho de sua empresa, pois permitirá que pratique preços maiores para produtos aparentemente considerados simples *commodities*.

As empresas deveriam punir maus clientes?

Em um artigo no *site* da *Harvard Business Review*, o colunista Michael Schrage mostra exemplos de empresas norte-americanas que estão punindo maus clientes.

Entenda-se por mau cliente aquele que abusa de comentários mal-intencionados, principalmente nas redes sociais, tentando desprestigiar a imagem de tais companhias.

O poder das redes sociais já é conhecido por todos e, principalmente, pelas grandes empresas, que procuram fazer ações utilizando essa mídia com o intuito de estreitar o relacionamento com os clientes, ouvir seus anseios e fortalecer a presença de sua marca junto ao público-alvo.

Porém, não é difícil acessar áreas que tratam de grandes empresas (e também pequenas e médias) nas principais redes sociais e encontrar comentários jocosos, desrespeitosos e, muitas vezes, exagerados sobre as empresas.

Em muitos dos casos, cabe ressaltar, há clientes, de fato, descontentes com os serviços prestados que tentam botar a boca no trombone, já que a mídia social lhes permite isso e porque, muitas vezes, as empresas não deram a mínima para a sua insatisfação com o mau serviço prestado ou com o produto vendido.

A atitude dessas empresas, principalmente as que possuem recursos para monitorar as redes sociais, é tentar manter a reputação bem posicionada nos *rankings* e responder de maneira padrão à maioria dos reclamantes, o que irrita ainda mais o consumidor.

Mas há casos de maus comentários que não necessariamente envolvem, de fato, um descontentamento com o que se comprou. Há uma tentativa deliberada de destruir a imagem da empresa sem um motivo coerente aparente. Nesses casos, como deveriam agir as empresas?

No caso norte-americano já há empresas de locação de carros, *sites* de locação e compartilhamento de casas, entre outras, que buscam avaliar os clientes e deixar a avaliação disponível para que outros tenham acesso.

Trata-se de uma tentativa de enaltecer bons clientes, mas também de punir maus clientes ou clientes mal-intencionados.

No Brasil, as experiências do consumidor ao tentar reclamar principalmente com grandes empresas têm um histórico não muito positivo.

Na maioria dos casos, as reclamações são em vão e o cliente se irrita com o tratamento do "serviço ao cliente" dessas empresas, seja por telefone, *e-mail*, pessoalmente etc.

Nos últimos anos, o grande aliado do consumidor brasileiro tem sido o Procon, que, de fato, funciona e agiliza o processo, intermediando tais conflitos de maneira eficaz.

A ideia dos norte-americanos, de punir o que consideram maus clientes, talvez ainda não tenha chegado por aqui devido ao fato de as empresas que atuam em nosso país ainda serem as principais vilãs na relação empresa-cliente.

Por outro lado, principalmente quando visitamos as redes sociais, não é incomum ler e presenciar comentários exagerados e muitas vezes inconsequentes.

A sensação de liberdade que se tem nessas mídias oculta o risco de expor o que se pensa sem considerar as consequências. É um alerta que deve ser observado por todos os que agem por impulso e, com isso, podem arrumar mais dores de cabeça e não solucionar seus problemas.

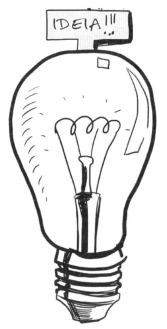

PARTE 7
Ideias
Inovação
Oportunidades
Planejamento

Como a Internet das Coisas cria oportunidades aos empreendedores

A chamada Internet das Coisas promete uma revolução, com grandes oportunidades de negócio aos empreendedores antenados e sedentos por inovação.

Mais do que conectar você a produtos e aparelhos, a ideia de serviços que antecipam os desejos das pessoas é o que fará a revolução ocorrer. Isso já tem sido constatado em pesquisas de projetos piloto realizadas por vários estudiosos do tema.

Segundo H. James Wilson e Baiju Shah, do Instituto Accenture de Alta Performance, a Internet das Coisas trata de serviços automáticos, que permitem as pessoas programarem e conectarem tais dispositivos inteligentes onde quiserem.

Eles citam exemplos dos tais serviços vivos ou automáticos: você poderia conectar o seu carro ao sensor que abre a garagem, que, por sua vez, estaria conectado ao termostato que acenderia as luzes da sua casa, tudo sem precisar de seu comando ligando ou desligando algo.

Com o objetivo de entender o que as pessoas esperam da Internet das Coisas, os pesquisadores analisaram mais de mil plataformas de tecnologia de serviços e quase 280 mil interações com esses dispositivos.

O resultado mostrou que os consumidores querem uma Internet das Coisas que presta serviços personalizados que podem ser adaptados a diferentes contextos. Os dados mostram ainda que os programas da Internet das Coisas mais utilizados são os que fazem a vida doméstica mais fácil, mais particular ou única e mais agradável.

Outro achado interessante é que as pessoas preferem serviços que não as obrigam a mudar sua rotina ou alterar o caminho que estavam percorrendo para fazer alguma coisa funcionar, ou seja, querem algo o mais automático possível, sem que você precise pensar a respeito.

Em relação às interfaces, as pessoas também preferem aquelas que sejam menos visíveis, sem necessidade de interagir em uma tela de *tablet*, por exemplo. Elas não querem digitar nada ou interagir com um dispositivo, mexer nas configurações etc. Querem tudo automático e inteligente, decidindo por elas.

Com base nesses resultados, os empreendedores atentos podem trabalhar em ideias para transformá-las rapidamente em oportunidades de negócio. Ideias como tecnologias de segurança da casa, monitorada remotamente, podem ser aperfeiçoadas.

Outra ideia advinda da análise dos dados da pesquisa é o interesse das pessoas nos aplicativos que quantificam os dados sobre a história de si mesmas. Elas querem saber como se comparar às outras pessoas em termos de inteligência emocional, índice de massa corporal etc.

Para finalizar, mas não concluindo as possibilidades, há muito o que desenvolver criativamente para melhorar as experiências diárias. Por exemplo, como citam os pesquisadores, um escritor que gosta de aumentar o seu foco com a música clássica e iluminação natural não terá que fazer isso manualmente.

Como se percebe, basta divagar um pouco sobre o que você gostaria em termos de experiências que facilitem sua vida, observar se outros querem o mesmo e, quem sabe, uma oportunidade é identificada. Fica aí uma sugestão para você encontrar sua próxima ideia de negócio!

Conheça seu poder de persuasão para emplacar a ideia de negócio

A persuasão é tida como uma característica comum aos empreendedores que atingem o sucesso. Isso porque eles sempre contam histórias incríveis de como conseguiram convencer uma pessoa-chave em momentos decisivos de sua trajetória empreendedora.

Muitas pessoas, porém, imaginam não ter a persuasão necessária para convencer os outros de que suas ideias são interessantes e promissoras. Isso porque subestimam seu potencial e não conhecem, de fato, o quão persuasivas são.

Para provar que somos mais persuasivos do que imaginamos, os pesquisadores Vanessa Bohns, da Universidade Cornell, e Frank Flynn, de Stanford, realizaram alguns experimentos que deixaram os participantes surpresos com os resultados.

Os participantes tinham que estimar o número de pessoas para as quais eles deveriam se direcionar na rua com o intuito de obterem um "sim" para três ações: responder a um questionário, fazer uma doação, emprestar o celular.

A maioria estimou que precisaria abordar pelo menos dez pessoas até conseguir um "sim". Mas o resultado mostrou que o número médio para as três requisições variou de quatro a seis. E as surpresas não acabam aí.

Em outro experimento, os participantes foram instruídos a tentar mais uma vez obter a concordância dos que responderam "não" na primeira abordagem para preencherem um questionário. O resultado foi que 30% dos que disseram "não" originalmente concordaram em preencher o questionário na segunda abordagem.

Essa desconexão entre as expectativas e a realidade é um problema particular no local de trabalho, dizem os pesquisadores.

Como a maioria das empresas enfatiza a rigidez e a formalidade de suas hierarquias, os empregados tendem a assumir que a sua influência é dependente de seus papéis ou cargos, ou seja, se eles não têm influência oficial, não podem pedir nada.

Assim, para que você deixe de achar que não é persuasivo, algumas recomendações são feitas para ajudá-lo a acreditar mais em seu poder de persuasão:

1. Peça

O erro número um das pessoas é imaginar que receberão um não sempre.

2. Seja direto

Outro erro das pessoas é enrolar e rodear o assunto e não ir direto ao ponto. Você acha que está sendo educado com o outro, mas a pesquisa mostra que as pessoas preferem ser abordadas sem rodeios.

💡 3. Pergunte novamente após o primeiro "não"

Na verdade, ao dizerem "não", muitas vezes as pessoas ficam mais propensas a um "sim" em uma segunda abordagem porque se sentem culpadas por terem dito "não" inicialmente.

E o mais importante disso tudo é que não são necessários incentivos para o respondente. Temos a tendência de pensar que precisamos oferecer algo a alguém em troca de um favor, mas a maioria faz o favor sem pedir algo em troca. Isso porque as pessoas se sentem bem quando podem fazer algo para ajudar os outros.

Em resumo, como dizem os pesquisadores, a realidade é mais encorajadora do que imaginamos. O poder de um pedido simples, direto, é muito maior do que imaginamos.

Por que empreender em tempos de crise pode ser um bom negócio

Quando há crises, a economia se retrai, as pessoas gastam menos e os empreendedores precisam usar a criatividade para, no mínimo, tentar manter o mesmo ritmo de vendas. Além disso, a maioria que pretende criar um negócio adia o sonho. Mas, será que estão corretos?

Quem pensa em iniciar a sua própria empresa geralmente fica receoso em colocar o negócio para funcionar quando há uma grande crise econômica, como a que vivenciamos neste momento. Isso é natural, pois os resultados sonhados podem não vir tão rápido quanto se espera.

Porém, já que a maioria pensa dessa forma, pode ser justamente em momentos como os de crise que você deva iniciar o seu negócio. Isso tem um fundamento estatístico que pode explicar o porquê.

Vários estudos mostram que qualquer negócio em fase inicial, com investimento de até R$ 1 milhão, pode levar até dois anos para atingir o ponto de equilíbrio. E cerca de 3,5 anos para recuperar o investimento inicial.

Naturalmente, cada negócio tem suas peculiaridades e esses números são uma média. Assim, há negócios que podem obter resultados antes ou mesmo após tais marcos de referência.

De qualquer maneira, as crises econômicas mais recentes não têm sido duradouras. Pelo contrário, são cíclicas. A crise atual, segundo os economistas, deve começar a sumir no retrovisor em cerca de dois anos. São especulações, mas é partir delas que os empresários retomam a confiança no futuro.

Por isso, talvez valha muito a pena iniciar um negócio agora, pois em quaisquer circunstâncias, um negócio em fase inicial terá dificuldades para crescer rápido, pois tudo é novo, os clientes ainda não existem, a marca é desconhecida, a equipe encontra-se em formação etc.

Esse tempo que leva para fazer a empresa deslanchar pode ser um bom laboratório para você testar o seu modelo de negócio com menos concorrência, já que a maioria pisa no freio em momentos de crise, corta investimentos e adia novos projetos.

Claro que tomar tal iniciativa envolve muitos outros fatores, inclusive o seu apetite para o risco. E arriscar de maneira calculada é algo nítido nos empreendedores que se destacam junto aos demais.

As grandes empresas são cobradas de maneira diferente daquelas em fase inicial, pois precisam mostrar resultados anuais aos acionistas. Assim, os executivos que não enxergam possibilidade de aumento de receita no curto prazo, cortam custos. Por isso, as demissões em massa.

E essas ações dos grandes acabam interferindo no humor dos demais e no temor dos pequenos, pois muitos fornecem aos grandes.

A decisão não é simples e fácil, mas os dados do passado mostram que é na crise que muitos projetos bem-sucedidos são iniciados. Que tal colocar aquela sua ideia em prática?

É possível iniciar um negócio de sucesso sem planejamento

Há situações nas quais em vez de analisar em detalhes uma oportunidade, o empreendedor cria a oportunidade. Mas esse tipo de abordagem não é aplicável a todo tipo de negócio. Você precisa saber se há uma perda em potencial acima de sua capacidade de arcar com um eventual prejuízo (em caso de não dar certo o negócio).

Para saber se é o seu caso, responda a algumas perguntas: Quem sou? O que eu sei? Quem eu conheço? As respostas dirão se é possível começar a partir do que você possui e então avançar para a ação. Essa abordagem indica ao empreendedor, ainda, que ele não deve ficar esperando pela oportunidade ideal e que não adote a estratégia de buscar o que não tem em outros lugares.

As variáveis estão mais sob o controle do empreendedor, mas sua capacidade de escalabilidade é limitada, dependendo das respostas às perguntas.

Quem sou não se refere apenas à autoanálise de perfil do empreendedor, mas a suas crenças, valores etc. O empreendedor é o principal ativo do negócio, além das pessoas que atrairá para compor a equipe que desenvolverá a empresa com ele.

O que sei se refere ao conhecimento e experiência do empreendedor. Por exemplo, você terá muito mais chances de sucesso ao criar um negócio que requer conhecimento técnico caso sua área de atuação e formação sejam condizentes com esse negócio.

Quem eu conheço refere-se a suas relações interpessoais, a sua rede de contatos. Os empreendedores mais experientes sabem que nutrir e desenvolver a rede de contatos é tão importante quanto qualquer outra atividade do negócio.

Após responder às três perguntas, o empreendedor deve definir quais são suas perdas aceitáveis, ou seja, o que ele está disposto a perder. Note que o processo tradicional de planejar para atingir um objetivo não se aplica nesse caso.

Mais que pensar no que você quer ganhar deve-se pensar no que você está disposto a perder. Essa regra pode ser resumida como em uma situação na qual você joga um jogo em que os resultados são imprevisíveis. O conselho é que você siga duas regras: não aposte mais do que você pode esperar como retorno e não aposte mais do que você está disposto a perder.

De fato, a ideia aqui é que você defina o que está disposto a perder de dinheiro, tempo (ou período sem ganhos, por exemplo) e oportunidades no mercado de trabalho (ao se dedicar ao negócio próprio você fecha as portas para oportunidades de trabalho).

Parece simples, mas há bastante risco nessa abordagem. Se não houver comprometimento do empreendedor, a perda que ele definiu como aceitável pode ser maior que a esperada.

Como você lidará com situações imprevisíveis, deverá ter alta tolerância a situações ambíguas, incertas, e não terá como prever o futuro, já que não planejou ou não conseguiu planejar.

Empresas que querem inovar não podem temer perder tempo com ideias ruins

Inovação é a palavra de ordem nas empresas que buscam resultados duradouros. Entre as várias maneiras de fomentar a inovação nas empresas encontra-se o incentivo aos funcionários para pensar e agir diferente, com criatividade e, assim, propor novas ideias.

Tendo esse pano de fundo como premissa, muitas empresas criaram, e ainda criam, programas de incentivos aos funcionários para inovar. Alguns desses programas destinam prêmios em dinheiro, ações e bônus como recompensa aos projetos inovadores.

Porém, pesquisas recentes têm mostrado que as empresas precisam repensar essa estratégia, uma vez que inovações disruptivas, que criam novos mercados ou mudam radicalmente um mercado já existente, dificilmente surgirão desses programas.

Isso porque inovações desse tipo são extremamente raras. E não adianta estimular todo mundo na empresa para ter ideias e mais ideias, pois isso pode até gerar uma frustração como efeito colateral, já que muitas das ideias não serão implementadas.

Uma abordagem alternativa, sugerida pelos pesquisadores Oliver Baumann e Nils Stieglitz, seria a criação de um sistema que aumente a variedade de ideias geradas, ou seja, que a empresa aceite e incentive várias maneiras de se gerar ideias.

Isso significa aceitar e encorajar brincadeiras, jogos, a aleatoriedade, a descoberta por "acaso" e, acima de tudo, aceitar que falhas vão ocorrer. Aceitar o fato de que não se pode apenas criar um processo para gerar ideias e deixar que elas surjam de várias maneiras é o desafio.

Que empresas conseguem adotar tal abordagem? Com certeza não serão aquelas que possuem uma cultura de aversão ao risco e que disseminam, mesmo que indiretamente, o medo da falha junto aos funcionários.

Empresas que focam apenas em resultados de curto prazo também terão dificuldade de adotar essa abordagem mais abrangente e livre para a inovação, pois significaria destinar um orçamento para projetos sem métricas claras de resultados agora ou no futuro.

Mas a essência de empreender está justamente em criar, descobrir o novo, superar desafios e fazer a empresa crescer. Muitos dos negócios que são sucesso hoje nasceram com ideias pensadas originalmente sem nenhuma noção de quanto dinheiro renderiam.

O fato é que cada vez mais as empresas têm voltado às suas origens empreendedoras em busca de respostas para enfrentar os desafios atuais de crescimento. Porém, se a cultura corporativa for uma barreira intransponível, vai ser difícil obter resultados.

 Conhecimento e pesquisa são cruciais para gerar inovação

Inovar é a premissa que permite algumas empresas atingirem a longevidade. Mais que isso, nós todos admiramos as empresas inovadoras, pois elas disponibilizam ao mercado produtos que facilitam nossas vidas.

A inovação ocorre a partir de uma criação, invenção, da busca pela solução de problemas ainda não resolvidos ou do aprimoramento de soluções já existentes para problemas que o homem enfrenta ao longo da vida e no seu dia a dia.

Os problemas são desafios relacionados às mais variadas áreas do conhecimento: da melhoria da saúde humana ao aumento da produtividade de uma indústria; da melhoria na qualidade de vida das pessoas nas grandes cidades ao aumento da eficiência nas comunicações etc.

Para que a inovação ocorra, deve existir pelo menos um protagonista: o empreendedor. Note que não é o criativo, o inventor ou a pessoa mais brilhante que necessariamente ocupa o papel de protagonista do processo de inovação.

Mas nem todo empreendedor é inovador. Isso porque a maioria dos empreendedores faz mais do mesmo, ou seja, não cria algo diferente para o mercado onde quer atuar e não compete com diferencial perante a concorrência.

O brasileiro é bastante conhecido por ser criativo e cheio de ideias para resolver os problemas do cotidiano, mas infelizmente essas ideias criativas parecem não se refletir em inovações sustentáveis, que façam a diferença no mercado.

Tal fato ocorre porque a criatividade em si não garante a inovação. A inovação geralmente advém de ideias criativas, mas a ideia só se torna inovação quando se materializa na forma de uma solução (produto/serviço) eficaz para resolver problemas.

Inovar não é fácil, exige esforço e investimento e nem sempre o resultado final da empreitada leva a resultados positivos ao empreendedor. Por isso, muitos empreendedores nem chegam a tentar, além daqueles que desistem quando não enxergam uma solução viável.

As inovações que geram valor, por mais simples que sejam quando observamos o resultado final, demandam conhecimento profundo do problema e da técnica que leva à solução. Se o empreendedor não tem o hábito de pesquisar e não domina determinada área do conhecimento considerada crucial para sua atuação no mercado, dificilmente vai inovar.

Por isso que apenas criatividade não basta, há que se preparar para transformar ideias criativas em oportunidades de negócios com diferencial competitivo e que tenham uma proposta clara de valor gerado ao cliente. Esse é o grande desafio da inovação.

Como ser dono de um negócio milionário que não tem empregados

A equipe empreendedora é sempre considerada o grande ativo das empresas. Por isso, é comum ouvir do líder empreendedor que sem o envolvimento da sua equipe ele dificilmente teria conquistado o sucesso. Mas será que é sempre assim?

Como para toda regra existem exceções, nesse caso não é diferente. Não é incomum encontrar empreendedores da "eu-presa" (empresa de um homem ou mulher só) que faturam acima de R$ 1 milhão.

Naturalmente, não estamos falando aqui do empreendedor individual, figura jurídica que trouxe para a formalidade milhões de empreendedores brasileiros, porém, com limite de faturamento anual.

Há vários empreendedores que não possuem funcionários e faturam acima de R$ 1 milhão ao ano. Se você tem o sonho de ser dono do próprio nariz e não ter a preocupação de gerir pessoas, pagar funcionários e, ainda, ter muita autonomia, talvez esse seja o caminho.

Para se ter uma ideia, esse tipo de empreendedor nos Estados Unidos é de dezenas de milhares. No Brasil, o número provavelmente é menor que o dos Estados Unidos, mas com certeza não deixa de ser expressivo.

Os negócios típicos do empreendedor sem empregado geralmente estão baseados no conhecimento diferenciado do empreendedor, ou seja, sua educação formal e o conhecimento adquirido ao longo da vida trouxeram a oportunidade de fazer dinheiro, faturando alto.

Estamos falando de serviços técnicos especializados, cientistas, engenheiros, profissionais liberais, artistas, escritores, entre outros. Esses são típicos exemplos que demonstram o retorno do investimento que a educação pode proporcionar a qualquer cidadão.

Caso você tenha o objetivo do negócio próprio, mas teme os riscos de estruturar uma empresa do zero, o caminho pode ser a busca da autonomia vendendo serviços diferenciados com base no seu conhecimento.

O desafio será sempre ganhar escala. Isso porque quando se é o único e principal ativo da empresa a sua maior limitação é o seu tempo. Como multiplicar o tempo e ganhar mais? Não é possível multiplicar o tempo, mas você pode criar estratégias para ganhar mais.

E ganhar mais pode significar superar o patamar do R$ 1 milhão. Como em qualquer empresa, você precisa se tornar referência no que faz para ser reconhecido e, com isso, poder ter mais retorno financeiro por hora trabalhada.

Além disso, você pode usar da tecnologia e de modelos de negócio diferenciados para que seu conhecimento seja vendido sem você estar presente. É o caso de autores, professores, palestrantes, entre outros, que vendem seu conteúdo pela internet.

E aí, se animou em ser o dono de uma empresa sem empregados? Trilhar esse caminho, como qualquer outro negócio, pode não ser simples, mas os resultados podem ser bastante animadores.

Será que o *fast-food* está com os dias contados?

É notório o quanto o negócio do *fast-food* cresceu mundo afora nas últimas décadas e se consolidou, principalmente por meio de franquias que se tornaram ícones mundiais. Mas pesquisas recentes podem indicar que o *fast-food* está com os dias contados.

Pesquisadores da Universidade de Toronto, liderados por Julian House, concluíram que as pessoas que pensam em comidas do tipo *fast-food* tendem a ter sua habilidade de sentir pequenos prazeres inibida consideravelmente.

De fato, a ideia do *fast-food* é proporcionar prazer em devorar rapidamente (*fast*) toda a comida (*food*), sempre tendo como pano de fundo a otimização do tempo e a busca incessante do ser humano em aumentar sua produtividade.

Porém, o momento dedicado à alimentação deveria ser de relaxamento e não apenas para cumprir uma necessidade fisiológica de todo ser humano por alimentos. Isso é o que parece estar sendo resgatado agora.

O mundo dos negócios definiu o hábito de trabalho das pessoas, criou grandes oportunidades para o *fast-food*, mas tem deixado as pessoas menos felizes. E não se trata apenas de combater a obesidade. Trata-se de proporcionar felicidade.

Os empreendedores que perceberem esse novo nicho podem criar negócios que tragam felicidade e prazer como o grande trunfo do momento do almoço. Hábitos saudáveis valem a pena e é o que muitas pessoas já perceberam.

Para ratificar esse fato, os pesquisadores mostraram uma foto de um hambúrguer acompanhado de fritas aos participantes do estudo. Os mesmos participantes foram apresentados a dez fotos de belezas cênicas naturais. A maioria se disse menos feliz com a ideia de comer *fast-food*.

Os pesquisadores concluíram que expor-se à ideia de *fast-food* faz as pessoas ficarem mais impacientes e inibe a sua habilidade de se sentir feliz com o estímulo de pequenos prazeres. E isso pode levar a efeitos negativos no longo prazo.

As pessoas ficarão mais infelizes pelo fato de sempre buscar algo mais e a conclusão de uma grande tarefa (comer tudo e não necessariamente comer aos poucos) para tentar ser felizes.

Esse efeito tem sido percebido cada vez mais em estudos similares e indica um problema a ser encarado pelas cadeias de *fast-food*. E onde há problemas, há oportunidades. Empreendedores atentos podem antecipar-se agora e criar negócios inovadores.

Se você pensa em empreender no ramo de alimentação, pense nisso. Os negócios que farão acontecer nos próximos anos provavelmente ainda nem foram criados. Quem inovar no setor percebendo essa mudança de paradigma pode ter sucesso.

Descubra se sua ideia é uma oportunidade

Em empreendedorismo, ideias surgem a todo o momento. Mas o que importa, de fato, é a oportunidade. Como saber se uma ideia pode ser uma oportunidade é a primeira tarefa a qual todo empreendedor interessado em criar uma nova empresa deveria se envolver com afinco.

Mas, para isso, o empreendedor precisa conhecer métodos que o auxiliem na resolução da tarefa. O método mais indicado para a maioria dos negócios é o conhecido como 3M, ou Modelo de Timmons, por ter sido criado pelo professor do Babson College, Jeffry Timmons.

Para entender o modelo 3M, o empreendedor precisa ter em mente que qualquer oportunidade deve ser analisada, pelo menos, sob os seguintes aspectos:

Qual mercado ela atende? Qual o retorno econômico que ela proporcionará? Quais são as vantagens competitivas que ela trará ao negócio? Qual é a equipe que transformará essa oportunidade em negócio? Até que ponto o empreendedor está comprometido com o negócio?

Note que as cinco perguntas abordam questões-chave de um negócio: mercado, viabilidade econômica, diferencial competitivo (estratégia), equipe empreendedora ("o empreendedor não é uma ilha").

E, talvez a mais importante, você está realmente 100% comprometido e com a vontade necessária para transformar essa oportunidade em negócio?

Essas perguntas formam a base do *check-list* que compõe o 3M, apresentado a seguir, na forma de um roteiro. Os 3Ms são definidos como Demanda de Mercado, Tamanho e Estrutura do Mercado e Análise de Margem.

Ao analisar o primeiro M, Demanda de Mercado, o empreendedor deve procurar responder às seguintes questões:

Qual é a audiência-alvo? Qual a durabilidade do produto/serviço no mercado? Os clientes estão acessíveis? Como os clientes veem o relacionamento com a sua empresa? O potencial de crescimento deste mercado é alto? O custo de captação do cliente é recuperável no curto prazo?

O segundo M, Tamanho e Estrutura do Mercado, está relacionado a outras questões críticas, listadas a seguir.

O mercado está crescendo, é emergente, é fragmentado? Existem barreiras proprietárias de entrada, ou excessivos custos de saída? Você tem estratégias para transpor essas barreiras? Quantos competidores/empresas-chave estão no mercado?

Eles controlam a propriedade intelectual? Em que estágio do ciclo de vida está o produto? Qual é o tamanho do mercado (em reais) e o potencial para se conseguir uma boa participação de mercado?

Como é a cadeia de valor do setor? Quais são as tendências e que eventos influenciam os cenários para o futuro do setor onde está sua empresa?

Finalmente, ao M de Análise de Margem aplicam-se as seguintes questões: Quais são as forças do seu negócio? Qual a margem de lucro típica de uma empresa desse setor? Quais os custos típicos de uma empresa desse setor?

Qual o investimento inicial mínimo? Qual a previsão de prazo para retorno do investimento inicial nesse setor?

Os 3Ms são abrangentes e envolvem questões críticas que, se respondidas e bem entendidas, com certeza serão úteis na avaliação e seleção das melhores oportunidades para serem desenvolvidas e capitalizadas pelo empreendedor.

Pesquise o mercado para saber se sua ideia de negócio tem potencial

Muitas pessoas acreditam que o segredo do sucesso dos empreendedores decorre de uma ideia sensacional, aquela que ninguém pensou antes e que, por isso, o empreendedor conseguiu desenvolver uma empresa bem-sucedida. Mas isso é mito ou verdade?

É fato que empreendedores inovadores mudam os mercados e até criam novos nichos que não haviam sido identificados pela maioria. Mas esses empreendedores fazem parte de um grupo seleto no mundo todo.

O mantra dos negócios nos dias atuais é tratar a inovação como palavra-chave para que seja o centro das atenções do empreendedor. Com a inovação, você consegue se diferenciar da concorrência e, com isso, aumenta suas chances de fazer acontecer.

Mas como você pode saber se está criando algo inovador, se sua ideia vale a criação de um negócio, antes de colocá-la em prática? Esse é o dilema dos empreendedores que estão começando, pois é praticamente impossível prever se o que você está prestes a criar dará retorno certo.

O que se recomenda aos empreendedores é que busquem avaliar suas ideias com técnicas de análise de mercado e observação local onde se quer atuar para ver se a ideia que teve tem potencial de sucesso.

Transformar uma ideia em uma oportunidade é o desafio dos empreendedores e, caso você esteja pensando em criar uma empresa para atuar com venda ao consumidor final, por exemplo, você deveria se perguntar:

1. Minha ideia é atrativa o suficiente para que uma pessoa compre um produto ou serviço decorrente do que pensei?
2. Por que essa pessoa compraria esse produto ou serviço? Quanto estaria disposta a pagar?
3. Quais outras empresas já fazem algo parecido e como o mercado está estruturado? Qual o tamanho do mercado que quero atender (número de pessoas, volume de dinheiro que movimenta etc.)?

E como você responde a essas perguntas? Com muita pesquisa, conversa com os potenciais clientes, visitando e praticando a experiência de compra nos estabelecimentos concorrentes, fazendo e aplicando uma pesquisa de mercado estruturada.

Se você não sabe fazer uma pesquisa de mercado, pode contratar uma empresa para auxiliá-lo, o que às vezes inviabiliza o processo devido ao custo. Nesses casos, cabe buscar conhecimento em cursos, livros e na internet.

Há várias ferramentas e *sites* que disponibilizam instrumentos de pesquisa *on-line* a preços acessíveis. O importante é tentar saber se sua ideia vale um negócio antes de criar a empresa. Com isso você mensura melhor o risco e o potencial retorno de sua criatividade empreendedora.

Sua ideia vale um negócio?

A ideia criativa, genial, singular, sem precedentes, é rara e privilégio de poucos. Esses poucos empreendedores acabam por mudar o rumo da história com suas criações e invenções.

Exemplos recentes e que impactam a vida da maioria das pessoas são os empreendedores da tecnologia da informação e suas ideias que mudaram a maneira como as pessoas se comportam, relacionam e consomem mídia. Google, Facebook, Twitter, Instagram etc. encaixam-se muito bem nesses casos.

Mas há também empreendedores muito bem-sucedidos, que não tiveram ideias únicas, geniais, espetaculares e, mesmo assim, fizeram acontecer.

Esses são a maioria e, caso você não se encaixe no grupo dos privilegiados que têm ideias geniais, pode ser o seu caso daqui a algum tempo, quando estiver à frente da própria empresa (se esta for a sua escolha).

Há ainda exemplos de ideias do mundo de tijolo e cimento (e não do mundo digital) que criaram novos mercados. Pense em modelos inovadores como as entregas expressas de produtos, comida (disque pizza, entre outros), itens etc.

E nos restaurantes de comida a quilo, onde a inovação foi a proposta de agilidade e permitir ao cliente pagar apenas pela quantidade que consome.

Outros exemplos históricos de inovação ou invenções com as quais convivemos até os dias de hoje são o vaso sanitário, os talheres, os travesseiros, a própria cama... Sempre há variações desses produtos para comprar, mas o conceito e a sua função ou finalidade continuam os mesmos.

Por isso, analisar ideias de negócios não é tarefa fácil. Algo que aparentemente pode parecer complexo, impossível de realizar, acaba por se constituir o desafio de um empreendedor que, ao inovar e criar uma solução prática, não só vence esse desafio como pode transformar sua invenção em uma grande oportunidade de negócio.

Já ideias simples, que são fáceis de copiar, não deixam de ser oportunidades de negócios, desde que o empreendedor consiga colocar no mercado uma solução com algum diferencial competitivo em relação aos demais concorrentes (que provavelmente serão muitos), tais como maior rapidez/agilidade, melhor qualidade, *design* mais bonito etc.

Além disso, cabe a questão do preço mais barato, dependendo da estratégia que você quer adotar e do valor que será percebido pelo cliente. Mas nem sempre o mais barato será o vencedor. Há clientes que querem o simples e estão dispostos a pagar caro, desde que obtenham outros diferenciais, como a exclusividade, por exemplo.

Há várias maneiras que você pode utilizar para ter ideias, desde o desenvolvimento da dinâmica do *brainstorming* (atividade geralmente desenvolvida em grupos para estimular a resolução de um problema, estimulando que todos tenham ideias), o estímulo à criatividade, pesquisas na internet etc.

Mas uma atividade que você pode desenvolver no seu dia a dia e que, com certeza, lhe trará várias ideias, é a prática da curiosidade. Ao praticar a curiosidade em todo e qualquer ambiente onde estiver, você começa a se abrir para mais e mais ideias.

Começa a prestar atenção aos problemas do cotidiano, entender como as pessoas os resolvem hoje e se perguntar "Não há uma maneira melhor de ser fazer isso?".

Após elencar várias ideias e selecionar aquela que lhe parece mais interessante, você precisa então responder a outras questões: será que a ideia pode dar certo? Será que eu consigo ter um produto que resolva o problema identificado?

Será que as pessoas (ou o cliente que defini) vão comprar? Ou seja, são muitas as questões e as respostas nem sempre são fáceis de obter. A análise estruturada de uma ideia para transformá-la em uma oportunidade existe para facilitar essa decisão. Em síntese, as metodologias de avaliação de ideias e oportunidades de negócios tratam de avaliar se há um mercado potencial para o que você quer vender.

Um método simples e poderoso para avaliar ideias de negócio

Nos últimos anos, um método empreendedor experimental e viável para prototipação de ideias tem se popularizado, principalmente nos negócios relacionados ao empreendedorismo criativo.

O empreendedor coloca as ideias em prática, testa seu conceito no mercado e, dependendo da receptividade dos clientes, altera, melhora ou descarta o que fez e tenta de novo.

Em vez de analisar em detalhes a oportunidade, como sugere o processo empreendedor tradicional, no método *efectual* o empreendedor cria a oportunidade.

Naturalmente, esse tipo de abordagem não é aplicável para todo tipo de negócio, principalmente naqueles casos nos quais um planejamento criterioso deve ser feito e o investimento necessário extrapola a capacidade financeira do empreendedor.

Ou seja, quando se tem uma perda em potencial acima da capacidade de arcar com o prejuízo (em caso de não dar certo o negócio) por parte do empreendedor.

O método *efectual* foca em três perguntas-chave:

1. Quem sou?
2. O que eu sei?
3. Quem eu conheço?

As perguntas indicam ao empreendedor que ele deve avaliar o que tem em mãos para começar a empresa. Um resumo seria: comece a partir do que você possui e então parta para a ação.

Essa abordagem indica ainda ao empreendedor que ele não deve ficar esperando pela oportunidade ideal e que não adote a estratégia de buscar o que não tem em outros lugares (por exemplo, a incessante busca por investimento, que muitos empreendedores fazem e nem sempre são bem-sucedidos na empreitada).

As variáveis estão mais sob o controle do empreendedor, mas sua capacidade de escalabilidade é limitada, dependendo das respostas às perguntas. Quem sou não se refere apenas a autoanálise de perfil do empreendedor, mas suas crenças e valores.

A pessoa do empreendedor é o principal ativo do negócio, além das pessoas que atrairá para compor a equipe que desenvolverá a empresa com ele. O que sei refere-se ao conhecimento e à experiência do empreendedor.

Por exemplo, você terá muito mais chances de sucesso ao criar um negócio que requer conhecimento técnico caso sua área de atuação e formação sejam condizentes com esse tipo de negócio.

Aliado a isso, deve ser considerada ainda a sua capacidade de gerir o negócio, ou seja, seu conhecimento administrativo e de gestão. Quem eu conheço refere-se às suas relações interpessoais, à sua rede de contatos.

Os empreendedores mais experientes sabem que nutrir e desenvolver a rede de contatos é tão importante quanto qualquer outra atividade do negócio. As pessoas que você conhece ao longo da vida abrem as portas para novas oportunidades e o auxiliam a superar os desafios.

Após responder às três perguntas, o empreendedor deve definir quais são suas perdas aceitáveis, ou seja, o que ele está disposto a perder. Note que o processo tradicional de planejar para atingir um objetivo não se aplica a esse caso.

Mais que pensar no que você quer ganhar deve-se pensar no que você está disposto a perder. Essa regra pode ser resumida como em uma situação na qual você joga um jogo onde os resultados são imprevisíveis.

O conselho é que você siga duas regras:

1. Não aposte mais do que você pode esperar como retorno.
2. Não aposte mais do que você está disposto a perder.

De fato, a ideia aqui é que você defina o que está disposto a perder de dinheiro, tempo (ou período sem ganhos, por exemplo), oportunidades no mercado de trabalho (ao se dedicar ao negócio próprio você fecha as portas para oportunidades de trabalho como empregado, por exemplo) etc.

Parece simples, mas há bastante risco nessa abordagem. Se não houver comprometimento do empreendedor, a perda que ele definiu como aceitável pode ser maior que o esperado.

Como você lidará com situações imprevisíveis, deverá ter alta tolerância a situações ambíguas, incertas, e não terá como prever o futuro, já que não planejou ou não conseguiu planejar.

Como muitos empreendedores têm grande dificuldade de concatenar informações e prever o que ocorrerá no mercado nos próximos anos, acabam por não planejar adequadamente ou não conseguem, de fato, planejar.

O método *efectual* acaba sendo uma boa alternativa nesses casos, mas lembrando das ressalvas já apresentadas. Há alto grau de risco nesse método, apesar de muito utilizado, mesmo que informalmente, pelos empreendedores.

Modelo de negócios Canvas ou plano de negócios?

Muita gente envolvida com o empreendedorismo acredita na não utilização do plano de negócios, assumindo a modelagem de negócios no estilo Canvas como o novo padrão para o empreendedor analisar ideias e colocá-las em prática.

Na verdade, há uma confusão considerável ao se tentar comparar as duas técnicas, já que são complementares. Ao conhecer o que cada técnica proporciona ao empreendedor, talvez fique mais fácil entender o porquê da confusão.

O modelo de negócio é a explicação de como sua empresa funciona e cria valor.

Há muitas definições que buscam explicar o que significa o termo, mas a essência resume-se em buscar entender como a empresa fará dinheiro, qual será ou é seu modelo de receita e como as várias áreas e processos de negócio se relacionam para atingir o objetivo de fazer com que a empresa funcione, gerando valor aos clientes.

O desenvolvimento de um plano de negócios estruturado ajuda a delinear e a entender em detalhes o modelo de negócio de uma empresa.

Ao final, o plano de negócios mostrará os custos e as despesas do negócio, o investimento inicial, a máxima necessidade de recursos para colocar a empresa em operação, a estratégia de crescimento e de marketing e vendas, bem como a projeção de receita e lucro para os próximos anos.

Para se concluir um plano de negócios, o empreendedor pode levar semanas ou até meses. Porém, quando concluído, o resultado nem sempre é considerado uma fotografia real do que é ou será o negócio.

A ajuda principal do plano de negócios é proporcionar um norte ao empreendedor e com isso fazer com que a gestão de sua empresa tenha métricas para acompanhar adequadamente seu crescimento. O plano de negócios se justifica em casos em que o empreendedor tem um objetivo claro a atingir.

Mais recentemente, com o intuito de focar em algo mais prático e rápido, conceitos como modelo de negócio Canvas e *Lean Startup* (empresa iniciante enxuta) têm se popularizado, principalmente no mercado de tecnologia da informação, internet e áreas correlatas.

O *Lean Startup* foca na prototipação e experimentação, bem como propõe uma abordagem prática e rápida para testar um conceito, um produto/serviço, analisar os resultados, fazer as devidas melhorias ou adaptações e lançar nova versão no mercado.

O especialista norte-americano Steve Blank tem sido um defensor e evangelizador desse conceito. Seu mantra resume-se em não dar tanta atenção à análise de mercado e a projeções financeiras e de crescimento.

Ao contrário, ele sugere que o empreendedor deva "sair do prédio", ou seja, que o empreendedor vá para a rua sentir na prática a reação do cliente em relação ao seu produto ou serviço.

Com base no *feedback* do cliente, novos ciclos de prototipação podem ser iniciados até que se chegue a um produto considerado adequado pelo empreendedor, ou melhor, pelo seu cliente.

Na verdade, essa abordagem também é sugerida quando se discute o plano de negócios tradicional. O empreendedor entenderá melhor o seu mercado caso consiga fazer um teste real junto ao cliente. Porém, isso não é possível para todo tipo de negócio.

O conceito de *Lean Startup* não é novo, mas ficou ainda mais popular no mundo das *startups* a partir da disseminação de outro conceito recente: o modelo de negócio Canvas.

A proposta do modelo de negócio Canvas casa como uma luva com o de *Lean Startup*, pois apresenta uma representação esquemática visual, em blocos, que resume os principais componentes do modelo de negócio de uma empresa.

Como é algo prático de se fazer, o empreendedor consegue criar um modelo de negócio com esse esquema em uma única folha de papel.

Aí ele pode testar o conceito, discutir com outros membros da equipe, com clientes etc. e começa, então, a evoluir o modelo de negócio, com novas versões do Canvas.

Essa foi a ideia de Steve Blank ao contribuir para disseminar o modelo de negócio Canvas como uma ferramenta para aceleração de *startups.* O Canvas foi criado e proposto originalmente por Alexander Osterwalder e Yves Pigneur.

A tese que defende Steve Blank é de que uma *startup* está em busca de um modelo de negócio sustentável e replicável e, por isso, precisa criar protótipos, testar hipóteses, "dar a cara para bater" para, então, começar a crescer.

Já empresas maiores buscam executar modelos de negócios comprovados. Assim, ele sugere que nos casos das empresas iniciantes não se dê tanta atenção ao plano de negócios e priorize o Canvas.

Na verdade, o Canvas pode ajudar muito o empreendedor na fase de análise da oportunidade.

Se o empreendedor aplicar o Canvas e complementar a análise com a parte financeira e mercadológica, bem como a análise de competidores do plano de negócios, poderá ter algo prático que talvez seja um meio-termo entre um conceito que precisa de mais informação para ficar completo e um plano de negócios denso e detalhado.

Uma técnica não substitui a outra e ambas podem ser utilizadas a qualquer negócio. Negócios que demandam alto investimento inicial, naturalmente, precisarão de um plano de negócios mais estruturado, com clareza dos recursos que serão alocados na empresa.

Startups de tecnologia e empresas pontocom podem se beneficiar mais do Canvas, caso o risco dos empreendedores seja pequeno e o investimento na criação do protótipo inicial não seja crítico para os envolvidos.

Como criar um plano de negócios sem mistérios: parte 1

Para o empreendedor desenvolver um plano de negócios, é importante entender o que essa ferramenta de gestão significa.

O plano de negócios é um documento utilizado para planejar um empreendimento ou unidade de negócios, em estágio inicial ou não, com o propósito de definir e delinear sua estratégia de atuação para o futuro. Trata-se ainda de um guia para a gestão estratégica de um negócio ou unidade empresarial.

O seu desenvolvimento fica mais claro quando se analisa o processo empreendedor. Como o plano de negócios é muito utilizado por empreendedores que estão estruturando a criação de novos negócios, pode ser entendido como um guia para o planejamento de novos negócios ou, ainda, para o planejamento de novas unidades empresariais, no caso de empresas já estabelecidas.

O processo empreendedor resume as etapas que o empreendedor percorre desde o momento da ideia até a criação e gestão do negócio:

Ideia: inicia-se com a ideia de negócio, que geralmente é o ponto de partida para qualquer empreendimento.

Oportunidade: em seguida, analisa-se a oportunidade, ou seja, procura-se entender se a ideia que você teve tem potencial de viabilidade econômica e se existem clientes em potencial no mercado para consumir um produto ou serviço decorrente dessa ideia.

Plano de negócios: com a oportunidade identificada parte-se para o desenvolvimento do plano de negócios. O plano de negócios concluído permitirá ao empreendedor identificar a quantidade necessária de recursos e as fontes existentes para financiar o empreendimento.

Gestão: após essas etapas iniciais parte-se para a gestão da empresa. Note que o processo pode ser extremamente dinâmico e as etapas podem ser revistas a qualquer momento, de forma interativa.

O importante é o empreendedor planejar o processo de estruturação do seu negócio desde a análise das ideias iniciais para saber se são oportunidades, para então selecionar a melhor oportunidade, desenvolver o plano de negócios e, assim, dedicar-se à gestão da empresa.

Mas, por que planejar? Ao responder a essa pergunta, o empreendedor deveria pensar no plano de negócios como uma ferramenta de auxílio no processo de planejamento e não como uma obrigação. Só há razão de se planejar algo caso esteja claro para o empreendedor aonde se quer chegar, ou seja, qual é o seu objetivo.

Negócios criados sem planejamento são empresas conhecidas como "estilo de vida" nas quais os empreendedores não têm visão clara de crescimento e de como será a empresa daqui a 5, 10, 20 anos.

Por isso, ao se estabelecer um objetivo de crescimento para um negócio, seja em relação a receita, lucro, número de clientes, participação de mercado etc., fica mais evidente a necessidade de se planejar cada passo que será dado para que o objetivo seja atingido.

Como criar um plano de negócios sem mistérios: parte 2

Percebe-se, pela análise do processo empreendedor, que o plano de negócios pode e deve também ser utilizado após a constituição do negócio. Dessa forma, caberá ao empreendedor revisar e atualizar seu plano de negócios periodicamente para garantir que a execução da estratégia de negócios ocorra de maneira adequada.

O prazo para essa revisão pode variar dependendo do tipo de negócio e do mercado no qual a empresa atua. O empreendedor deve ter em mente que o plano de negócios deve ser revisto assim que uma premissa importante utilizada nas projeções de seu plano mudar.

Premissas importantes podem ser: variação na taxa de crescimento do mercado, entrada de novos concorrentes no mercado, mudança na legislação que afeta diretamente o seu negócio, revisão de uma parceria estratégica, conquista ou perda de clientes importantes (que representam percentual considerável do faturamento da empresa: 10, 20, 30%) etc.

Não há regra rígida ou metodologia única para se desenvolver um plano de negócios, mas um bom ponto de partida é planejar as atividades que deverão ser desenvolvidas, incluindo tarefas, responsáveis, prazos e resultados almejados. Isso facilitará na obtenção do seu plano de negócios dentro de um prazo razoável de forma que você possa controlar as atividades.

Dificilmente o plano de negócios será desenvolvido em uma única sequência de passos. É provável que muitas interações ocorram e, após algumas seções serem concluídas, você julgue necessário revisá-las novamente quando algum tópico que se aplica a mais de uma seção tenha sido alterado.

É importante que se tenha clareza do nível de detalhe que se busca para o plano e se estabeleça um prazo para concluí-lo. Caso contrário, você nunca obterá uma versão final para o seu plano de negócios.

Uma possível sequência para o desenvolvimento de um plano de negócios é iniciada pela análise da oportunidade (seguindo o processo empreendedor) e em seguida passa-se para uma rigorosa análise do mercado, do público-alvo e dos concorrentes. A partir daí você poderá se dedicar a definir:

a) o seu modelo de negócio (o que vender, o que é o negócio, como vender, para quem, a que preço, o plano de marketing...) e projeções iniciais de receita;
b) investimentos iniciais necessários;
c) necessidade de recursos humanos;
d) projetar custos, despesas e receitas ao longo do tempo;
e) fechar o modelo de negócio cruzando necessidade de recursos com resultados;
f) criar os demonstrativos financeiros;
g) fazer análises de viabilidade por meio de índices de retorno sobre investimento, rentabilidade etc.;
h) revisão completa de todos os passos;
i) concluir a redação do plano e fechamento do modelo.

Note que todos os passos indicados podem ser feitos sem você necessariamente se dedicar, logo de início, à escrita completa do plano de negócios.

Os passos listados anteriormente sugerem que você crie uma planilha eletrônica com várias pastas interligadas. Assim, quando determinada variável crítica do seu plano de negócios for alterada, todas as pastas que dependerem dessa variável serão automaticamente atualizadas.

Exemplo: um vendedor típico de determinado negócio no interior da Bahia pode visitar 20 clientes por mês e tem uma taxa efetiva de venda de um *kit* padrão de produtos de cinco clientes diferentes ao mês. Assim, para cada vendedor contratado você terá em sua planilha, em média, cinco novas vendas/mês.

Essa variável deveria influenciar custos com compras de matéria-prima, divulgação, contratação de pessoal, receita etc. Use essa mesma lógica para toda variável que julgar relevante em seu plano de negócios e assim o seu trabalho ficará mais efetivo.

Procure analisar em detalhes a planilha do plano de negócios do Tourbr (que acompanha o livro *Plano de negócios, seu guia definitivo* e está disponível gratuitamente na seção de *downloads* do *site* www.josedornelas.com.br) e então faça a sua própria planilha utilizando a do Tourbr como exemplo ou ponto de partida.

Quando dizer não ao cliente: saiba identificar quem é seu público-alvo

Será mesmo que o cliente tem sempre razão? Levando-se em consideração que nenhum negócio consegue ser bom o suficiente para agradar a todo tipo de cliente, o ditado pode não ser sempre válido.

Todo empreendedor de primeira viagem quer vender para todo mundo e em muitos casos tem um comportamento bastante parecido ao atender seus clientes. Acontece que aos poucos você entenderá quais são os seus clientes-alvo, quais são os clientes prioritários e quais não são.

Não há nada de errado em saber quem (empresa ou pessoa) você não quer como cliente. Isso o ajudará a moldar o seu discurso de venda para atender o cliente certo.

Cuidado para não confundir o desejo de servir a todos muito bem com a obrigação de servir a qualquer um. Em muitos casos, você terá clientes inadimplentes, desleais, caloteiros, ou ainda extremamente exigentes a ponto de não compensar o custo/benefício de tê-los como clientes.

Mas como recusar um cliente? Como dizer que você não pode atendê-lo? Você pode recusar um cliente de forma indireta, mostrando que não atende aos seus anseios.

Conheça uma história que exemplifica bem esse posicionamento. Um profissional liberal precisava contratar uma empresa para expandir um gradil na sacada de seu novo apartamento. A sua primeira atitude foi entrar em contato com a construtora que fez o edifício e pedir indicações. A construtora indicou três empresas.

Após entrar em contato com as três empresas, teve as seguintes respostas: a primeira disse que precisaria marcar visita ao local e, mesmo após o agendamento, nunca apareceu; a segunda empresa agiu de maneira idêntica à primeira, mas deu retorno mais de uma vez com a desculpa de não ter técnico na rua naquele dia, mesmo tendo agendado e reagendado várias vezes com o (potencial) cliente; a terceira empresa foi sincera e disse que o tipo de demanda não era viável de atender, pois sua empresa preferia pegar projetos maiores.

A conclusão desse caso mostra claramente que apenas a terceira empresa entendeu o que é dizer não e quando dizer não a potenciais clientes. De todas as empresas, foi a que ficou com a imagem mais positiva, mesmo não tendo feito o serviço.

É algo que todo empreendedor deveria estar preparado para fazer. Porém, antes de ter essa atitude tenha certeza de que o cliente em questão realmente não faz parte do seu público-alvo, caso contrário o efeito poderá ser devastador para a sua empresa.

Imagine esse mesmo cliente reclamando com outras pessoas que tenham o mesmo perfil. Certamente não será uma propaganda positiva para o seu negócio.

PARTE 8
Motivação

Quer ficar mais motivado? Experimente quase ganhar algo

Você já deve ter ficado frustrado quando quase ganhou algo e só não conseguiu por um triz. Por outro lado, deve ter ficado com vontade de tentar de novo. Agora, o que talvez você não saiba é que esse efeito motivacional pode influenciar positivamente em outras tarefas.

Essa descoberta foi feita por Monica Wadhwa e JeeHye Christine Kim, do Insead. Os pesquisadores fizeram vários experimentos para chegar à conclusão.

Entre eles, identificaram que os participantes que quase ganharam um jogo se envolveram com mais ênfase em outra tarefa subsequente.

No caso, foram estimulados a organizar cartas, o que ocorreu de 23 a 45 vezes mais rápido, se comparado com as pessoas que ganharam o jogo ou perderam por uma margem muito grande.

Em outro experimento, as pessoas correram mais que as demais para conseguir uma barra de chocolate.

O senso comum mostra que ganhar é obviamente muito mais motivador que perder. Mas, segundo os pesquisadores, quando você não ganha por muito pouco, o efeito motivacional na realização imediata de uma tarefa não relacionada com a primeira e que quase o faz perder ou até ganhar é mais abrangente e positivo, por incrível que pareça.

Em outro experimento, eles perceberam que os participantes, após uma experiência de quase ganhar, gastaram mais dinheiro para consumir um produto que desejavam.

Porém, os pesquisadores notaram que quando o evento desencadeador era interrompido, ou seja, quando o foco era desviado, o efeito de quase ganhar era atenuado.

Esses resultados sugerem que somos muito influenciados por nossos instintos ou desejo competitivo de ganhar, caso tenhamos uma nova chance imediata e, assim, pensamos menos racionalmente na tomada de decisão de gastar ou não mais dinheiro, por exemplo.

Muitos empreendedores já sabem disso há um bom tempo e, por isso, criam eventos, competições, jogos etc. para atrair clientes sedentos por recompensas.

Em tempos de clientes escassos, talvez caiba usar os resultados dessa pesquisa e da criatividade para atrair consumidores para seu empreendimento e, assim, tentar aumentar suas vendas.

Já se você é consumidor, cabe seguir o conselho antigo de respirar fundo, contar até dez e só depois tomar decisões quando percebe que está agindo por impulso. A dica parece simples e é, mas, paradoxalmente, nada fácil de seguir de bate-pronto.

Empreender é para todos e também para você, mas é preciso preparo

Um paradoxo bastante conhecido e atribuído ao filósofo grego Sócrates aplica-se perfeitamente quando tentamos entender se nosso perfil se encaixa na descrição do empreendedor de sucesso.

Uma possível variação desse paradoxo pode ser descrita como: "Quanto mais adquirimos conhecimento, parece que mais distantes estamos de saber algo".

A sensação que um indivíduo pode ter ao conhecer mais a respeito de si mesmo e entender o nível de suas habilidades empreendedoras pode levá-lo a imaginar estar à frente de um problema de difícil solução.

Muitos empreendedores tornam-se bem-sucedidos sem conhecer antecipadamente os problemas que enfrentariam. São os indivíduos que têm o "privilégio da ignorância" ou da falta de conhecimento, e assim arriscam sem saber onde estão pisando.

Quando se conhece em detalhes o ambiente e a si e, ainda, quando se tem uma visão clara dos cenários prováveis para o negócio, o indivíduo pode incorrer no erro do excesso de confiança.

O fato é que conhecimento em quantidade nunca é demasiado, pois nunca saberemos tudo acerca de tudo. Sempre teremos que progredir. Por isso que todos podem, em tese, desenvolver habilidades ao longo da vida, aperfeiçoar as que já possuem e constituir um alicerce forte o suficiente para enfrentar as tormentas do empreendedorismo.

Empreender é para todos e também pode ser para você. O importante é definir uma estratégia adequada para buscar os seus objetivos. Não basta sonhar, mas o sonho é o início do processo, pois permite o surgimento de ideias, que podem ser transformadas em oportunidade pelo ato de empreender.

Em um momento turbulento como o que país tem vivenciado, muitos estão vendo no empreendedorismo do negócio próprio a única alternativa viável para construir algo de valor para si e aos seus.

No entanto, não se pode esquecer que apesar de ser bastante difundida a ideia de que grandes oportunidades surgem em momentos de crise, como o atual, o empreendedor precisa se preparar pessoalmente e profissionalmente antes de dar o primeiro passo.

Isso significa conhecer e colocar em prática suas habilidades comportamentais empreendedoras e, ainda, desenvolver, adquirir e colocar em prática seus conhecimentos de gestão.

Não é porque para muitos o negócio próprio se apresente como a única alternativa, que deve ser encarado apenas com motivação. Pelo contrário, sem preparo dificilmente o empreendedor conseguirá resultados.

Em resumo, antes de iniciar o seu negócio próprio, certifique-se de que está preparado para os desafios, que, com certeza, serão muitos e maiores do que você imagina. Mas empreender é isso: superar desafios e fazer acontecer.

Comportamento empreendedor nas organizações é ingrediente para inovar

Quando se fala em comportamento empreendedor logo vem à tona o papel dos líderes nas organizações, ou seja, aqueles que comandam equipes, usam seu carisma e poder de persuasão para implementar seus projetos empresariais.

Ao se observar a liderança por essa perspectiva, pode-se imaginar que apenas aqueles gerentes e executivos de mais alto posto e hierarquicamente mais bem posicionados é que têm condições de implementar ações de cunho empreendedor.

Este acaba sendo um grande erro que leva as empresas e seus funcionários a agirem de forma reativa, usando abordagens exageradamente *top-down* (ações de cima para baixo), limitando a disseminação de uma cultura empreendedora em todos os níveis organizacionais.

E por que seria interessante essa cultura empreendedora nos vários níveis organizacionais? Qual o propósito de se discutir ou implementar ações nesse sentido?

Ora, ao se observar como o processo de inovação ocorre nas grandes corporações, nota-se que é de extrema importância o envolvimento e o bom entendimento entre as várias áreas da empresa, desde a área de pesquisa e desenvolvimento (P&D), a área de marketing e relacionamento com o consumidor, até as áreas de vendas, produção etc.

Mas é sabido o quanto é difícil os novos projetos serem aprovados e aceitos pelas várias áreas organizacionais. Mesmo quando os processos internos estão bem definidos e mapeados, sempre surgem aqueles contrários ao desenvolvimento de projetos fora do escopo de trabalho da área.

Os pequenos feudos organizacionais, devidamente suportados pelas estruturas hierarquizadas e burocraticamente institucionalizados, acabam por barrar projetos inovadores que poderiam trazer ganhos reais à empresa.

Isso muitas vezes ocorre, entre outros fatores, pelo fato de a liderança não estar difundida em todos os níveis da organização, o que é intimamente ligado à disseminação da cultura empreendedora na empresa.

Aos níveis hierárquicos mais altos, geralmente é atribuído o papel de gerente e de líder, que na verdade, são atributos complementares, e o último pode e deve ser exercido em todos os níveis organizacionais.

Ambos, gerenciamento e liderança, são necessários para o sucesso dos negócios da empresa no cada vez mais complexo e imprevisível ambiente competitivo em que esta está inserida.

As funções gerenciais dos executivos – lidar com a complexidade dos negócios, planejar e definir orçamentos, organizar e comandar pessoas, controlar e resolver problemas – são extremamente necessárias e continuarão a ser, mas não substituem ou não podem ser confundidas com as funções de liderança – lidar com a mudança, definir direções a seguir, orientar pessoas, motivar e inspirar.

A função gerencial é fazer o *status quo* funcionar bem, já a de liderança diz respeito a convencimento, inspiração e início da mudança. Por isso que a liderança pode e deve estar presente em todos os níveis da organização, pois é uma forte característica empreendedora que leva as pessoas a buscarem novas formas de fazer as coisas.

Primeiro crie a empresa e só depois largue o emprego

Umas das premissas quase intocáveis do mundo dos negócios, em particular do empreendedorismo, parece estar sendo deixada de lado pelos novos empreendedores. O foco 100% no negócio desde o início não é mais o mantra de muitas pessoas que criam empresas.

Empreendedores que vão deixando seus empregos ou atividades remuneradas aos poucos (não pedem demissão logo de início) ficam 33% com menos propensão a falir em suas iniciativas de negócio próprio.

Esse dado foi obtido comparando-se com aqueles que largam totalmente o emprego e se dedicam à *startup* com 100% de foco e comprometimento, segundo os pesquisadores Joseph Raffiee e Jie Feng, da Universidade de Wisconsin-Madison, nos Estados Unidos.

Essa abordagem relativamente nova, de empreender em estágios, tem ficado cada vez mais fácil devido a tecnologias digitais, sistemas de gestão inteligentes etc., já que permitem a redução de custos e evitam a perda de tempo do empreendedor com questões operacionais.

Naturalmente, as regras de ouro a serem seguidas para criar um negócio continuam importantes. Não adianta apenas ter uma ideia se não houver mercado para ela. O empreendedor precisa identificar uma oportunidade de negócio e tentar capturá-la.

Muitos brasileiros que hoje trabalham como empregados têm o sonho do negócio próprio. Aliás, esse é um dos principais sonhos dos brasileiros, segundo pesquisa do Sebrae.

Porém, muitos têm medo de largar a estabilidade da carteira assinada para se aventurar em algo incerto. Isso é lógico e compreensível.

Essa nova tendência identificada para a realidade norte-americana também tem ocorrido no Brasil. Há empreendedores, principalmente os mais jovens, que conseguem fazer muita coisa em paralelo. O grande desafio é entregar resultados e não perder *performance*.

Apesar de parecer uma luz interessante no fim do túnel e uma maneira de minimizar eventuais riscos do negócio próprio, essa abordagem paralela, ficando com o pé em duas canoas, não funcionará para todo tipo de negócio.

Esse é o caso, principalmente, daqueles negócios que ainda demandam a dedicação do empreendedor em tempo real, com presença quase constante na empresa. Quando não há possibilidade de gestão remota e o uso da tecnologia da informação, tudo fica mais difícil.

Não é à toa que muitos novos empreendedores (não necessariamente apenas os jovens) estão aderindo aos negócios baseados na internet, onde o contato presencial com os interlocutores não é tão crítico, sejam eles clientes, fornecedores ou mesmo os funcionários.

Caso você esteja pensando em largar o trabalho para empreender o negócio próprio, mas ainda sente muito receio de arriscar, talvez essa abordagem seja a ideal para o seu caso.

Pense duas vezes antes de sair de férias

O mote dos jovens de hoje é diferente do das gerações anteriores. Muitos jovens contemporâneos estão buscando, de maneira prioritária, a qualidade de vida em detrimento da dedicação irrestrita ao trabalho. Será que estão certos?

O mundo corporativo pode ser perverso com aqueles que o tratam com desdém. A verdade é que existem regras nada explícitas que podem comprometer a evolução na carreira como executivo(a). Uma delas refere-se à sua dedicação ao trabalho.

Apesar de hoje em dia ser cada vez mais comum a cobrança por resultados e não por tempo de dedicação ao trabalho, essa tendência ainda está longe de ser a regra.

Alguns estudos recentes mostram que o receio de muitos empregados em tirar férias tem sentido. Em um desses estudos, constatou-se que 13% dos gerentes mostraram-se menos receptivos em promover funcionários que tiraram todo o seu período de férias.

Outro estudo, publicado no *Wall Street Journal*, mostrou que os empregados que tiraram menos tempo de férias do que tinham direito de uma única vez ganharam no ano seguinte 2,8% a mais do que aqueles que tiraram férias cheias.

Os dados são para a realidade norte-americana e mostram que não é surpresa porque lá cerca de 15% dos funcionários não tiraram férias no último ano. O medo não só de ficar na geladeira, como de ser demitido, é maior do que a vontade ou a necessidade (justa) de descanso.

Trata-se de uma situação, no mínimo, constrangedora. No caso brasileiro, ocorre algo semelhante. Não é incomum os executivos de grandes empresas não desligarem do trabalho, mesmo durante as férias. Mas onde fica a qualidade de vida?

Isso mostra, cada vez mais, que o ambiente corporativo, que funciona sob as regras do sistema capitalista, o qual prega a busca de resultados incessantes, precisa ser repensado.

É paradoxal o ser humano evoluir em tantas áreas e ainda seguir maciçamente as regras tradicionais do sistema capitalista. Mas quem pode mudar esse cenário? Os grandes protagonistas dessa mudança serão, com certeza, os novos empreendedores.

Já há movimentos mundiais que questionam o resultado financeiro como o único a ser perseguido (e isso não é de hoje), e que começam a tomar força. Além dos movimentos que visam a proteção do meio ambiente, o consumo consciente, entre outros.

É necessário que os novos empreendedores proponham mudanças profundas no modelo de empresa, tendo como pano de fundo a qualidade de vida, a busca da felicidade e, claro, resultados consistentes que permitam à empresa crescer.

Acreditar que isso é possível é o primeiro passo. Quanto mais e mais empreendedores aderirem à ideia, mais as mudanças ocorrerão em ritmo acelerado.

Descubra sua motivação para criar o negócio próprio

As motivações que levam as pessoas a criar um negócio são muitas, mas as mais citadas em pesquisas com empreendedores atuais ou em potencial são:

- autorrealização (fazer o sonho acontecer);
- desejo de independência;
- autonomia para tomar decisões;
- ganhar dinheiro;
- busca de novos desafios (mudança na carreira/pós-carreira/aposentadoria);
- falta de alternativa (perda do emprego).

Quais das motivações acima aplicam-se ao seu caso? Se você está querendo montar o negócio próprio porque perdeu o emprego e não consegue recolocação no mercado de trabalho, cuidado, pois o negócio próprio demanda comprometimento de longo prazo.

Ao decidir por montar uma empresa, você precisa vislumbrar o que estará fazendo daqui a 5, 10 anos. Não se trata de uma decisão de momento, que muitas pessoas infelizmente tomam por falta de alternativa. Mas mesmo que essa tenha sido a motivação inicial, é possível você ser bem-sucedido se entender as premissas aqui discutidas.

O mesmo se aplica se sua motivação for apenas ganhar dinheiro. O dinheiro em si é uma métrica do sucesso nos negócios, mas os empreendedores mais bem-sucedidos são quase unânimes em afirmar que o dinheiro nunca foi sua principal motivação.

O principal motivo que os levou a enfrentar o desafio foi a vontade de fazer acontecer. Muitos citam ainda a busca de novos desafios e o sentimento de poder definir o caminho a seguir (independência/autonomia).

Mas não se iluda com a autonomia 100%. Os donos do negócio próprio são os responsáveis pelas decisões na empresa, mas conforme o negócio cresce vários serão os interlocutores que influenciarão nas decisões: clientes, fornecedores, investidores e sócios.

Enfim, qual é a sua motivação?

Os desafios do empreendedor nunca acabam

Após a fase inicial tudo fica mais fácil no negócio próprio, correto? Longe de ser verdade, o desejo de calmaria no horizonte acaba por se mostrar apenas um sonho.

É fato que empresas bem geridas conseguem passar por fases de turbulência em melhores condições que suas rivais que não seguem os mesmos padrões de gestão. Porém, os desafios no mundo dos negócios são constantes e inúmeros.

Em cada fase do negócio haverá novos problemas e obstáculos a serem superados. O gráfico apresenta as fases típicas de uma empresa e os desafios de cada fase.

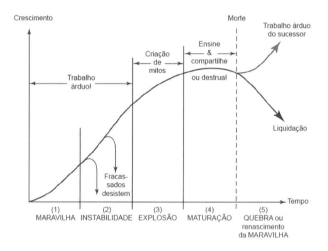

1. Maravilha é um período cheio de incertezas relacionadas à sobrevivência da empresa. Mas o otimismo do empreendedor impera como nunca nessa fase.

2. Na instabilidade (até que a empresa atinja o ponto de equilíbrio), o grande desafio do empreendedor é provar que seu modelo de negócio funciona e que a empresa vai recuperar os recursos investidos e evitar tropeços e o fracasso.

3. Na fase de crescimento acelerado, ou da explosão, o desafio será consolidar a marca no mercado e superar metas, elevar o faturamento e entrar em novos mercados. Nessa fase, o crescimento é robusto e o empreendedor já construiu uma equipe de gestão sólida. É na explosão que se criam os mitos e as empresas que as pessoas passam a admirar.

4. Na maturação, há geração significativa de caixa, mas o desafio será otimizar recursos, melhorar processos, diminuir custos e tentar prorrogar a posição nos mercados atuais e criar a inovação que fará a empresa ter mais longevidade.

5. Caso a empresa não consiga ultrapassar o desafio da fase da maturidade (o de inovar e de se reinventar), infelizmente poderá ocorrer o final de sua história. Essa é a fase da quebra ou renascimento da maravilha. O empreendedor deve ficar atento aos sinais do negócio e do mercado para evitar a situação limítrofe da quebra e promover o renascimento da nova empresa, o que geralmente pode ocorrer com uma nova geração de sucessores à frente do negócio.

PARTE 9
Estratégia
Gestão
Parcerias
Sociedade

Não comece um negócio sem antes responder a algumas perguntas

Se você está buscando criar um negócio e não sabe por onde começar, a seguir proponho um conjunto de questões simples que servirão de base para que sua ideia seja validada e se transforme em oportunidade.

Isso porque, em empreendedorismo, o que importa é identificar uma oportunidade de negócio (uma necessidade não atendida no mercado), já que uma ideia vaga não vai fazer a diferença.

Para que você tenha clareza quanto ao tipo de negócio pretende montar, responda:

Qual é o seu negócio?

Parece simples responder, não? Mas não é bem assim. A resposta tem de ser específica, como por exemplo: "Meu negócio é a prestação de serviços de limpeza corporativa para empresas de médio porte da capital paulista".

Note que, nesse caso, o negócio está bem definido e a empresa não atenderá residências, ou a micro e grandes empresas, nem clientes fora de São Paulo.

Admitindo que você já tenha clareza quanto ao tipo de negócio e produtos ou serviços que pretende oferecer, busque responder ainda às demais questões que apresento aqui:

O que você realmente vende?

Continuando com o mesmo exemplo anterior, seria simples dizer "serviços de limpeza", mas não basta. Procure mostrar o seu posicionamento ou diferencial em relação à concorrência.

Pense em quesitos como qualidade, preço, durabilidade, confiança, pontualidade, eficiência, mas tome o cuidado para não querer ser bom em tudo, pois é difícil. Veja o que a clientela busca, o que a concorrência não faz e tente oferecer algo que preencha essa lacuna.

A terceira questão que proponho refere-se ao mercado-alvo:

Você consegue identificar com clareza qual é o seu mercado?

Explico: qual o nicho específico de mercado, setor, região, perfil de consumidor? A dica é você identificar o perfil de um cliente-alvo e, a partir daí, tentar levantar o tamanho do mercado em reais e em número de clientes potenciais.

Não basta falar que o mercado é o Brasil todo, que envolve mais de 200 milhões de pessoas. Isso simplesmente não funciona. A dica aqui é focar em um "pedaço do bolo" e tentar conquistá-lo.

Se o negócio é uma drogaria de uma pequena cidade com 30 mil habitantes, o seu dono deve saber com quais outros negócios vai concorrer e qual o índice médio de consumo da população local, lembrando que a segmentação pode ainda ser feita por idade (crianças, adultos e idosos), gênero, padrão de renda etc.

Mas onde conseguir esses dados para a sua cidade? No *site* do IBGE há uma vasta quantidade de informações sobre a população brasileira. É um bom ponto de partida. Para finalizar, antes de se aventurar no mundo dos negócios, procure ficar atento às tendências do mercado.

Muitos empreendedores brasileiros têm tido sucesso ao inovar e se antecipar à concorrência. Pense em como você pode fazer o mesmo, observando com curiosidade o que ocorre ao seu redor.

Identifique deficiências no mercado e pense em soluções para eliminá-las. É dessa forma que você poderá transformar uma simples ideia em uma oportunidade de sucesso.

Aprenda como simular o dia a dia da empresa antes de abri-la

Um dos aspectos mais importantes de planejar o negócio que você quer criar é a possibilidade de você antecipar algumas decisões e simular como estas afetariam a sua empresa. Atualmente, existem ferramentas (*softwares* e planilhas) bem completos que possibilitam esse exercício por parte do empreendedor.

Apesar de ser uma atividade teórica, pode antecipar problemas e com isso estimular você a pensar em soluções antes que eles ocorram. Utilize uma planilha eletrônica e faça cenários para o negócio a ser criado com base em uma pesquisa de mercado e na projeção estimada de vendas para os primeiros meses da empresa.

Considere que no início as vendas serão poucas, nada otimistas, e veja até aonde vai a máxima exposição do fluxo de caixa da empresa, ou seja, qual o máximo valor que a empresa terá de saldo negativo nesse cenário.

Faça variações e tire suas conclusões para saber o seu fôlego real: quanto tempo a empresa aguentaria ficar no vermelho até as coisas começarem a melhorar.

Esse exercício é muito importante e deve priorizar análises de cenários negativos e não apenas os mais interessantes para o ego do empreendedor. Não se trata aqui de ser pessimista, mas de planejar os próximos passos de forma coerente.

Ao fazer esse tipo de simulação, o empreendedor está basicamente dizendo quanto precisa gastar para manter a empresa em operação no pior cenário e por quanto tempo isso será possível (esse tempo depende da disponibilidade de investimento do empreendedor e da velocidade de crescimento da empresa no mercado).

Outra atividade que é extremamente útil, mas nem sempre os empreendedores conseguem colocá-la em prática, pois em muitos casos seria cair na informalidade e assumir riscos não calculados, é a realização de testes piloto de venda de produtos e serviços.

Trata-se de colocar no mercado amostras do que você quer vender e analisar como o mercado reage, antes de partir para a constituição da empresa, de fato.

Esse tipo de simulação é mais fácil de ser feita com produtos simples e que não exigem do empreendedor a estruturação completa do processo produtivo, mas mesmo assim você precisará considerar todas as obrigações legais, tais como o pagamento de impostos e tributos.

No caso de serviços, você pode simular uma atividade como autônomo e então constituir sua empresa após um piloto bem-sucedido. Ao fazer simulações, o empreendedor estará avaliando os riscos do negócio e, com isso, se preparando para vencer os desafios que a empresa enfrentará.

Negocie com os fornecedores e diminua seus custos

Toda empresa precisa ter uma boa relação com seus fornecedores, pois são essenciais para a operação de qualquer negócio.

Porém, quando o seu fornecedor é uma grande empresa ou mesmo uma empresa de menor porte que detém um diferencial do qual você não pode prescindir, é bem provável que tenha uma grande dependência desse fornecedor.

Também pode ter pouca margem de manobra para negociar com o intuito de diminuir seus desembolsos financeiros.

Nesses casos, o poder do fornecedor impede que você negocie condições mais convidativas nos contratos que firmar e isso gera uma parâmetro ou histórico que pode ser difícil de ser alterado no futuro, o que pode não ser bom para o futuro e a independência do seu negócio.

É sempre importante que o empreendedor pesquise muito bem seus prováveis fornecedores e conheça todas as condições padrão que eles praticam em uma negociação.

Com essas informações em mãos, cabe ao empreendedor oferecer contrapropostas para fechar um contrato mais convidativo.

No Brasil é comum não se aceitar a primeira proposta de um fornecedor e sempre pedir descontos, o que não é tão comum em outros países, onde as empresas partem da premissa que a proposta é definitiva. Sabendo que faz parte da cultura de negócios do nosso país, não se esqueça de tentar negociar os seguintes termos com seus fornecedores:

- descontos acima do padrão (5 a 10% é o padrão em muitos casos);
- alongar o prazo de pagamento (além dos tradicionais 30/60/90);
- pagar apenas após você ter vendido e recebido de seu cliente (seria o cenário ideal);
- assinar contrato de risco no qual ambos só recebem se você vender (não é algo fácil, mas para fechar você precisaria oferecer um bônus extra ao fornecedor);
- fazer permuta, entregando o seu produto final como pagamento das encomendas (funciona quando o fornecedor tem interesse no seu produto).

Além disso, caso você não consiga condições convidativas no curto prazo e não tem alternativa, feche o contrato, mas diga que em um ano (por exemplo) vocês deverão rever as condições acordadas para abaixar os custos.

Coloque isso em um acordo de intenções (não precisa ser um contrato formal). Isso permite a você retomar o assunto em um momento futuro e tentar renegociar o que foi acordado no passado buscando condições melhores para o seu negócio.

Porém, a melhor negociação com os fornecedores deve ser de ganha-ganha, pois nesse caso vocês passam a ter uma relação de parceria e não apenas de fornecedor-comprador.

Enfim, existem várias possibilidades de negociação, mas uma relação de parceria de longo prazo com os fornecedores estratégicos é fundamental para garantir o sucesso do negócio.

Crescer rápido nem sempre é a melhor estratégia

Crescer é imperativo para qualquer negócio, mas a velocidade de crescimento depende do tipo de negócio e do estilo e ousadia do empreendedor. Nem todo negócio consegue crescer rapidamente, pois o esforço pode ser muito grande e a recompensa pode demorar para aparecer.

Como você identifica a velocidade adequada de crescimento para o seu negócio? Não há receita de bolo aqui, mas a experiência prévia pode ajudar o empreendedor a entender o melhor ritmo de desenvolvimento para o seu negócio.

Para começar, cabe a você pesquisar negócios concorrentes já consolidados e tentar levantar (por meio de uma pesquisa de mercado) em quanto tempo esses negócios chegaram ao ponto de equilíbrio e quando começaram a ter o retorno do investimento.

Além disso, tente fazer uma classificação de vários negócios, separando os mais bem-sucedidos do setor daqueles que ainda não conseguiram se estabelecer como uma referência a ser seguida.

O que diferencia cada grupo? Qual a velocidade de crescimento de cada um? Quanto de investimento foi feito em cada negócio? Como é a gestão das empresas? Qual o perfil do empreendedor que lidera a empresa?

Essas são algumas das perguntas que você deve procurar responder. Não é fácil obter tais dados, mas é um ponto de partida para você entender melhor o seu setor e então definir a melhor estratégia de crescimento para a sua empresa.

Outro aspecto a ser considerado é o tipo de negócio em si. Empresas de tecnologia, por exemplo, precisam crescer rapidamente, já que o ciclo de vida de seus produtos é curto e a empresa não pode perder tempo.

Empresas que atuam em mercados como o da infraestrutura, que requerem grandes investimentos e que só conseguem o retorno no médio e longo prazos, já podem optar por outro tipo de estratégia.

Empresas de comércio e serviços em geral são mais flexíveis quanto a velocidade de crescimento e a sua análise como empreendedor, e as suas metas é que determinarão quão rápido o seu negócio vai crescer.

Uma boa estratégia para empresas que criam novos conceitos, marcas ou produtos inovadores é optar pelo sistema de franquias. Trata-se de uma ótima alternativa para fazer um negócio crescer rapidamente, mas antes você precisa consolidar o modelo de negócio e provar que funciona.

Empreender na empresa estabelecida

Quem é mais empreendedor: aquele que cria uma empresa ou aquele que gerencia uma empresa estabelecida? O que é mais difícil, empreender um novo negócio ou empreender no mundo corporativo? Qual a diferença entre o empreendedor e o administrador? E o que diferencia o empreendedor do empresário?

Perguntas que muitas pessoas têm condições de responder, mas não são necessariamente simples, já que a maioria relaciona o empreendedorismo ao ato de criar e gerir a própria empresa. Essa confusão, ou esquecimento, ocorre também com os empreendedores do negócio próprio.

Muitos deles esquecem que o ato de empreender é amplo e não se limita apenas à criação da empresa. Conforme sua empresa se desenvolve, você pode e deve se comportar como um empreendedor corporativo, que busca inovar na empresa estabelecida.

Mais que isso, você deve incentivar o surgimento de novos empreendedores em seu negócio para não deixar morrer a cultura empreendedora na sua (agora média/grande) empresa.

Para isso, há que se criar um projeto de desenvolvimento do empreendedorismo corporativo na sua empresa.

Alguns dos processos e ações críticas que você deve implantar para que o empreendedorismo corporativo seja sistematizado na organização são listados a seguir para que você analise e, caso ainda não tenha alguns deles implantados em seu negócio, considere fazê-lo para o bem do futuro do seu negócio.

- Uso adequado de recompensas/reconhecimento: sua empresa precisa criar critérios que estimulem a inovação não só no curto prazo, mas principalmente com projetos de longo prazo.
- Suporte gerencial a ações empreendedoras: não basta dizer que as pessoas devem empreender na sua empresa, elas precisam de condições e apoio para fazer acontecer.
- Disponibilidade de recursos (e tempo): sem políticas claras de investimentos em projetos inovadores e sem a permissão/estímulo para seus funcionários se envolverem com a inovação nada acontecerá.
- Otimizar estrutura organizacional: uma empresa com estrutura plana, com poucos níveis hierárquicos, com facilidade de comunicação, é a que tem melhores condições de fazer o empreendedorismo corporativo acontecer.
- Assumir riscos calculados: projetos ousados geralmente possuem risco maior. Se não houver estímulo ao risco, dificilmente as inovações serão radicais. As eventuais falhas são inerentes ao processo.

Questões primordiais da nova empresa

Não, você não entendeu errado... Quando sua empresa passa da primeira fase de crescimento é como se você tivesse uma nova empresa para gerir. Com isso, novas premissas, regras, processos etc. serão necessários.

O cuidado que se deve tomar quando a empresa cresce é o de não confundir processos bem organizados e regras com excesso de burocracia. A burocracia é essencial em qualquer negócio, pois permite o controle necessário para que a empresa desenvolva suas atividades de forma organizada.

O problema é que em muitos casos as empresas criam procedimentos que engessam as suas engrenagens. Atente para as seguintes necessidades que precisarão ser atendidas quando você estiver à frente da nova empresa:

- formalização do planejamento estratégico e desenvolvimento dos planos tático e operacional;
- implantação de um sistema de planejamento/controle financeiro que permita o acompanhamento de todas as ações da empresa;
- formalização do organograma e da estrutura funcional;
- implantação de plano de sucessão e de carreira para todos os funcionários;
- desenvolvimento de métricas de desempenho para as diversas áreas/setores e para cada funcionário;
- mapeamento dos processos de negócio e implantação de um sistema de gestão empresarial;
- implantação de sistemas da garantia da qualidade;
- políticas de investimento em novos produtos/serviços e em inovação.

Como se pode notar, nesse momento você não estará mais gerenciando um pequeno negócio. Agora, deverá implantar uma gestão profissional para desenvolver cada vez mais a sua nova empresa.

Não há receita pronta para colocar isso tudo em prática, mas se você estiver cercado de pessoas experientes, que já tenham passado por algo parecido, o processo pode ser mais facilmente implantado. Atente para ter uma equipe gestora que entende como fazer essa transição e passe a gerir o seu grande novo negócio.

Nova fase, nova empresa

Qualquer que seja a fase na qual a sua empresa se encontra, você precisará moldar seu modelo de gestão para adequar à realidade da organização. Em muitos casos, essa mudança ocorre organicamente e tanto o empreendedor como os funcionários não notam um momento brusco de interrupção do velho modelo e início do novo.

Em outros casos, porém, a mudança pode ser planejada e ter um momento predefinido para acontecer. São os casos das reestruturações de processos de negócios, implantação de sistemas de gestão, qualidade total, ampliação da capacidade produtiva, contratação de novos funcionários com vistas à profissionalização da gestão etc.

Mas quando surgem oportunidades de negócios não previstas deve-se aproveitá-las e com isso haverá a necessidade até de repensar a empresa como um todo.

É o caso de vencer grandes concorrências, conquistar clientes importantes, fechar grandes contratos, comprar uma empresa, criar uma unidade de negócio etc., que mudarão (ou deveriam mudar) a estrutura e o porte da sua empresa da noite para o dia. Como empreendedor você deverá estar preparado para esses momentos, planejados ou não, e construir um novo modelo de empresa, que continuará a levar o seu negócio ao crescimento.

Não existe receita pronta para isso, mas o planejamento deve prever a quantidade de recursos que será alocada, as pessoas que serão realocadas para novas funções, novas contratações e eventuais descontinuidades, tais como corte de custos de áreas que não são mais prioritárias, dispensa de pessoal, entre outros.

Por isso que o empreendedor precisa ter ao seu lado uma equipe de gestão profissional, que sabe planejar e executar, pois assim poderá colocar em prática sua estratégia de negócio.

Empreendedores de sucesso sabem disso e sempre contam com gestores de confiança, que não aparecem tanto nas reportagens e estudos de caso de sucesso, mas são essenciais para fazer acontecer.

Em resumo, mesmo que a empresa esteja em nova fase, as pessoas continuarão a ser o ativo mais importante do negócio e o empreendedor à frente de uma empresa que já tenha passado pelas fases iniciais de crescimento deverá usar sua experiência de líder para levar o negócio a um novo patamar, ainda mais alto.

Busque aumentar receita em vez de cortar custos no início do negócio

Para conseguir aumento dos lucros, as empresas têm sempre duas opções: aumento de receita ou diminuição de custos. Às vezes, algumas conseguem ambos os objetivos, o que é bem mais difícil.

Cortar custos não é uma necessidade apenas de empresas maiores. As empresas de menor porte, porém, preocupam-se mais com o crescimento da receita no início do negócio até entrarem no ritmo de negócios já estabelecidos.

Essa estratégia geralmente se mostra acertada, pois você precisa conquistar mercado na fase inicial de desenvolvimento da empresa. O problema é que o crescimento acelerado quase sempre é caótico e desorganizado. Mas, se a empresa está conseguindo resultados, a última coisa que o empreendedor vai se preocupar é em cortar custos, já que suas atenções estão voltadas para o aumento da receita.

Por isso, cortar custos é algo problemático para empresas em crescimento (na verdade, para empresas em quaisquer estágios de desenvolvimento). As empresas em crescimento têm muito a evoluir na estruturação dos seus processos de negócios e, quando conseguem aperfeiçoar tais processos, a redução de custos torna-se um desafio maior.

Apesar disso, as empresas sempre partem para a redução de custos quando precisam de resultados imediatos e as receitas não crescem como o esperado. É a sina do administrador de empresas e o vício dos executivos: se o negócio não cresce na linha superior do fluxo de caixa (receita), eles tentam diminuir os dispêndios com o negócio para que o resultado final seja positivo.

Você com certeza tem ou terá esse desafio na sua própria empresa, mas não se esqueça de que metas de redução de custos trarão resultados de curto prazo. Se você quer ver o seu negócio prosperando, não basta reduzir custos, deve-se implantar uma estratégia que busque sempre o aumento de receita!

Essa é a essência por trás das empresas que se tornam referências em seus mercados: o desejo constante de crescer e o pensar grande, que são sinônimos da cultura empreendedora que deve ser disseminada por toda a organização.

Aprenda a gerenciar o crescimento rápido da sua empresa

O sonho de todo empreendedor é ver seu negócio crescer mais rápido que o previsto, pois assim o cumprimento das metas ocorre mais cedo e os resultados trazem ânimo e mais motivação para seguir em frente.

Apesar de parecer um pensamento lógico, crescer rápido nem sempre traz apenas benefícios. Não é incomum ouvir empreendedores que experimentam um sucesso rápido com o seu negócio dizerem que estão preocupados e querem reduzir o ritmo e crescer degrau por degrau para evitar ficar sem o alicerce necessário.

Muitas pessoas poderiam criticar tais empreendedores dizendo que não são ousados, mas outras diriam que se trata de precaução. Ambas as vertentes podem estar corretas, mas é fato que o crescimento rápido traz preocupações para qualquer negócio.

Se esse for o seu caso, procure antecipar as mudanças e o aperfeiçoamento na gestão, a estruturação e organização de sua empresa, para não ser pego de surpresa depois. O que seria antecipar? Seria comparar os resultados alcançados com o que foi planejado, rever o planejamento e antecipar os investimentos da empresa para que a base esteja sólida.

Um dos maiores desafios de qualquer dono de empresa é gerir o negócio e implantar a estratégia de longo prazo ao mesmo tempo.

Quando o crescimento é mais rápido que o esperado, é comum muitos empreendedores focarem todos os esforços no curto prazo, no momento presente. Mas isso pode levar a empresa a uma nova fase mais complicada, até catastrófica, já que os resultados de hoje não necessariamente garantirão os de amanhã.

Em grandes empresas, esse tipo de situação geralmente é mais bem gerenciada, pois há processos já desenvolvidos para crescer o negócio do dia a dia e ainda aqueles que focam no futuro.

Na pequena empresa, a cultura da organização ainda está em formação, os processos estão sendo desenvolvidos e as experiências diárias servem de base para as decisões que levarão a empresa ao sucesso ou não. Como empreendedor à frente do negócio, você precisa adotar uma abordagem de gestão estratégica, por mais que a empresa demande de você ações mais táticas e operacionais.

Este será o seu grande desafio: entender como dedicar o seu tempo finito à gestão de curto e longo prazos. Mas lembre-se que para gerir o crescimento rápido não basta planejar, você precisa acompanhar os resultados e compará-los com o que foi planejado para tomar suas decisões.

Na abertura da empresa, é melhor ter foco do que diversificar

É comum que empreendedores envolvidos no início de novos negócios sintam-se motivados e com uma energia espetacular para implementar novas ideias. A vontade de fazer acontecer supera qualquer obstáculo operacional. Mas esse ímpeto nem sempre traz resultados interessantes quando a diversidade não pode ser implementada, já que o empreendedor não ganha escala, ou seja, ele não se multiplica.

No início de qualquer negócio, salvo raras exceções, a empresa tem uma estrutura enxuta, com poucos funcionários e poucos recursos. Além disso, não possui marca difundida e um histórico no mercado, ou seja, precisa se mostrar, conquistar a primeira grande conta ou vender para um cliente âncora. Muito precisa ser feito para conquistar a fidelidade de clientes e o comprometimento de fornecedores.

O empreendedor líder deverá estar à frente dessas ações e por isso não terá alternativa, a não ser ter foco. Ao focar, poderá conhecer cada vez mais o seu modelo de negócio e validar ou reformular sua abordagem e otimizar seu produto com base na avaliação dos clientes.

Não é por acaso que empreendedores de sucesso, quando contam suas histórias, lembram-se que no início é muito importante ter foco, para não se distrair com ideias a todo o momento e sair da rota.

Só após o empreendedor sentir que já está bem estabelecido no mercado (o que pode ocorrer geralmente a partir de um ano) é hora de pensar em diversificação, em conquistar novos mercados, novos clientes, desenvolver novos produtos e continuar a inovar. Provavelmente, a empresa já terá outra estrutura e permitirá ações mais abrangentes.

É claro que existem exceções à regra e você sempre encontrará negócios que se desenvolvem rapidamente diversificando desde o início. Em um ambiente cada vez mais competitivo e com clientes cada vez mais exigentes, o empreendedor deve ser o melhor em sua área de atuação. E isso só se conquista com foco total, resistindo sempre à tentação de novas ideias e projetos a todo o momento.

Crie metas e marcos para a sua empresa e comemore quando alcançá-los

É bem provável que o primeiro dia de seu primeiro negócio você jamais esquecerá. Alguns empreendedores chegavam a tirar cópia do cheque que recebiam do primeiro cliente para emoldurar. Com os pagamentos feitos cada vez mais em cartão de crédito, isso perdeu um pouco do glamour.

Exageros à parte, esse é um exemplo de marco para o empreendedor que deve ser comemorado. É a primeira vitória de muitas que virão pela frente.

Os empreendedores, por serem geralmente comprometidos com o seu negócio, acabam por se envolver em demasia com o dia a dia e se esquecem de observar momentos importantes e celebrar as pequenas vitórias. Parecem não se contentar com o que conquistaram, pois sempre querem mais.

Os mais experientes, que já passaram por muitos desafios e conquistaram realizações, não raro dizem que curtir a jornada é tão ou mais importante que conquistar o próprio objetivo em si.

Para transformar o dia a dia em momentos nos quais você possa curtir a jornada, não basta apenas pensar no assunto. Você precisa criar métricas simples, ou desdobramentos dos objetivos, para que sejam celebrados quando atingidos. E não se esqueça de comemorar quando esses resultados forem atingidos.

Após a abertura do negócio, você poderia ter outros objetivos importantes como marco, além da conquista do primeiro cliente. Alguns exemplos podem servir de referência:

- os primeiros 100 ou 1000 clientes;
- o primeiro milhão de reais de faturamento;
- a liderança do mercado;
- a sede própria;
- a primeira grande conta;
- o primeiro prêmio do seu setor ou categoria.

Lembre-se que você é quem deve criar os próprios objetivos e os exemplos citados não necessariamente se aplicam ao seu negócio. Porém, não basta apenas criar marcos. Você precisa ter uma estratégia para buscá-los.

Agora é com você. Quais são os seus objetivos? E como pretende comemorar quando cumpri-los?

O lado obscuro da definição de metas

Muitos empreendedores e executivos são adeptos da definição de metas ousadas em suas atividades profissionais. Afinal, é a essência do planejamento estratégico que a maioria dos negócios tem como referência para crescer.

Ousadia é a palavra de ordem de grandes empreendedores do negócio próprio ou corporativos, já que se buscam, com isso, resultados mais robustos, apesar dos riscos inerentes aos desafios do crescimento.

Por isso, é natural que os líderes atribuam às suas equipes metas também ousadas, mais e mais vezes, sempre tentando obter ganhos de *performance*. Porém, há uma linha tênue que pode separar a ousadia de atividades menos nobres e até antiéticas.

Isso é o que descobriram David T. Welsh, da Universidade de Washington, e Lisa D. Ordóñez, da Universidade do Arizona, ao realizar um experimento com pessoas em uma série de atividades aritméticas.

Os participantes que receberam as metas mais difíceis de maneira progressiva trapacearam 84% mais do que a média. Sob pressão, muitas pessoas tendem a fazer de tudo para atingir suas metas, ultrapassando limites racionais e éticos.

A conclusão dos pesquisadores é que, embora metas ousadas possam aumentar a *performance*, os gestores deveriam estar cientes das possíveis consequências negativas para as empresas.

O fato é que não existe uma receita pronta que possa ser aplicada a toda organização e equipe, mas não é difícil encontrar exemplos em empresas de todos os portes de pessoas que trapaceiam para atingir resultados.

O empreendedor líder deve se precaver desse tipo de comportamento dando exemplos e criando condutas éticas sólidas e sérias em suas empresas. Isso não é comum em empresas brasileiras, talvez por se partir da premissa de que as pessoas saibam até onde podem ir e o limite de suas atitudes.

Mas não seria uma má ideia deixar explícito a todos na organização ainda nascente as crenças e os valores daqueles que a criaram e a partir dos quais se espera que a empresa cresça.

Saiba a hora de deixar o comando da empresa para se dedicar a novos negócios

Você já imaginou construir uma empresa passo a passo, colocá-la nos trilhos, atingir o sucesso e depois sair de cena? Parece uma situação inusitada e que não é tão comum aos empreendedores brasileiros, já que muitos ainda têm um senso de controle que os leva a se sentir imprescindíveis.

Mas vários empreendedores já provaram o sabor dessa experiência, que não tem nada de amarga. Trata-se de construir e deixar um legado, bem como observar a "cria" andar com as próprias pernas, adquirir independência, enquanto você se dedica ao desenvolvimento de outras "crias", outras atividades, outros negócios, outros sonhos.

O importante é saber decidir se chegou o momento de sair de cena ou se ainda é necessário bater ponto diariamente na empresa.

Para ter certeza se o momento chegou, comece a fazer alguns testes, ausentando-se por dias, depois semanas e então períodos maiores da empresa. Se o resultado do negócio não mudou ou melhorou, é sinal que você não é mais tão necessário. Isso não tem nada de ruim, pois você finalmente terá liberdade e tempo para se dedicar a outras atividades.

Se ocorreu o contrário, ou seja, se a empresa ficou estagnada, sem comando, sem rumo, significa que você não preparou adequadamente seus sucessores e sua presença ainda é imprescindível.

Isso pode ser positivo apenas se a empresa ainda estiver em fase de desenvolvimento, nos primeiros anos de vida. Caso a empresa já esteja consolidada no mercado, pode mostrar uma fraqueza ou falha de gestão.

Lembre-se: ninguém é eterno, por isso você precisa aprender a passar o bastão e inspirar outros a seguirem o que você acredita. Dessa forma garantirá a longevidade do negócio, mesmo quando você não estiver mais presente.

Caso contrário, ao sair de cena, as cortinas podem se fechar não só para você, mas também para a sua empresa e a todos que dela dependem.

Ter sócio pode valer a pena

Apesar de muitos empreendedores reclamarem de experiências malsucedidas com sócios, a sociedade em um negócio próprio geralmente traz mais benefícios do que problemas. Isso se você souber escolher adequadamente os seus sócios.

Mas como escolher o sócio? Não existe uma regra exata para que isso ocorra, mas vale atentar para algumas recomendações:

Busque pessoas que complementem o seu perfil. Um dos principais erros em sociedades que não funcionam é o fato de os sócios terem perfis similares e nada complementares. Com o tempo haverá mais conflito que consenso e a sociedade deteriorará, inclusive, a amizade.

Não escolha um sócio apenas pelo fato de ser uma pessoa amiga. Negócios precisam de sinergia e comprometimento comum das pessoas envolvidas para que tenham sucesso. Às vezes, o amigo não tão comprometido não exprime o que realmente pensa a respeito da empresa e de seus rumos com o receio de prejudicar a amizade.

Sociedade em família nem sempre funciona. Perguntas-chave que você precisa fazer antes de envolver um familiar no seu negócio: Há complementariedade? Vocês compartilham do mesmo objetivo? Você está envolvendo a pessoa da família por que confia nela ou porque você vê nessa pessoa condições de exercer uma função importante na empresa?

O mais importante de tudo: o seu sócio compartilha do mesmo sonho que você tem para a empresa? Ele está disposto a sacrifícios para conseguir concretizar o sonho? O perfil de risco é similar ao seu? Vocês têm um relacionamento pessoal que permite fazer e ouvir críticas um ao outro?

Lembre-se que para construir algo grandioso você precisará de pessoas competentes ao seu lado. Sem uma equipe de primeira linha, será difícil você ter uma empresa com potencial de crescimento duradouro.

Por que negócios em família nem sempre funcionam

Muitas pessoas sonham em ver toda a família envolvida na sua empresa. Este sonho não é incomum, já que a maioria das empresas tem origem familiar, principalmente as mais antigas. E esse histórico influencia os novos empreendedores, pois querem que os filhos, irmãos e demais familiares envolvam-se no seu negócio.

Um dos motivos mais comuns para esse desejo é o fato de a família representar união e a possibilidade de sempre se poder confiar no seu familiar. Porém, em muitos casos, a empresa familiar acaba sendo a causa de muitas discórdias, por ganância e divergências no comando. É claro que isso também pode ocorrer em empresas não familiares.

Mas o principal motivo que leva negócios familiares a resultados nada positivos é o fato de o envolvimento dos familiares ocorrer sem uma análise da capacidade ou competência técnica da pessoa para o cargo que ocupa.

Muitas vezes, o dono coloca os filhos ou outros familiares, ainda inexperientes e pouco motivados, em posições de destaque na empresa. Isso pode frustrar os demais funcionários com mais tempo de casa que vislumbravam uma promoção pelos resultados que trouxeram ao negócio.

As pessoas aprendem com o tempo e o seu familiar poderá aprender e se desenvolver, mas a cultura da empresa é moldada pelo dono e suas decisões. Se desde o início os funcionários perceberem que o mérito não é a melhor forma de crescer na empresa, perderão a motivação e isso com certeza será prejudicial ao negócio.

Se você estiver criando uma empresa ou ainda esteja gerindo um negócio em fase inicial de desenvolvimento, é natural que procure envolver os familiares para ajudá-lo a administrar o seu negócio próprio.

Porém, não se esqueça que o que pode fazer a diferença e levar sua empresa ao sucesso é justamente a boa combinação e complementaridade dos integrantes da equipe de gestão.

Algo que vem se tornando regra em empresas familiares é a busca da profissionalização da gestão e da preparação dos herdeiros e familiares para que ocupem, no momento certo, posições de comando.

Para isso, precisarão passar por estágios em outras empresas e na própria empresa da família, mas galgando posições pelo mérito e não apenas pelo sobrenome.

Para atrair parcerias talentosas ao negócio e crescer, divida a pizza

Os empreendedores são conhecidos como pessoas fora do comum, que se diferenciam da maioria, lideram equipes e conseguem resultados acima da média, chegando ao sucesso com o negócio próprio.

É comum o candidato a empreendedor se inspirar em algum exemplo bem-sucedido e criar um modelo mental de pessoa que faz acontecer. Esses modelos criados na mente das pessoas geralmente são infalíveis e parecem que não são pessoas de carne e osso.

Talvez um dos aprendizados mais importantes do mundo do empreendedorismo é entender que o empreendedor solitário simplesmente não conseguirá fazer uma empresa crescer e se tornar um grande negócio.

Primeiro, porque é humanamente impossível alguém agir por conta própria quando a empresa cresce, já que as demandas são inúmeras e você é apenas um, por mais competente que seja.

Segundo, porque o sucesso como empreendedor decorre, dentre outras variáveis, do relacionamento e da rede de contatos que o empreendedor costura ao longo do seu próprio desenvolvimento pessoal e profissional e o da sua empresa.

Essa rede serve para o empreendedor entender como alocar os melhores talentos na sua empresa nas várias etapas do processo de empreender. Às vezes, esses talentos estão fora da empresa, como é o caso dos parceiros comerciais, dos fornecedores, entre outros.

Mas, na maioria dos casos, os principais talentos precisam ser alocados no negócio em áreas-chave conforme a empresa cresce e se tornam peças essenciais que criarão o alicerce necessário para que o empreendedor se dedique mais à estratégia do negócio e menos ao dia a dia.

Atrair e reter talentos devem ser duas das principais atividades de qualquer empreendedor, mas poucos novatos dão a devida atenção a elas. Isso ocorre porque eles geralmente estão preocupados em colocar suas ideias em prática rapidamente e acreditam não ter muito tempo para tarefas que consideram não essenciais.

Os empreendedores mais experientes sabem, por aprendizado prático, que para reter os talentos identificados ao longo da jornada empreendedora não basta apenas oferecer uma boa oportunidade de emprego.

Se o objetivo é construir um time tão empreendedor quanto o fundador, você precisa dividir a pizza para fazê-la crescer, ou seja, deve oferecer mais que salário e benefícios. Por que não uma participação na sociedade? Assim, você não só reterá pessoas competentes ao seu lado, mas terá um belo trunfo para poder cobrar resultados de todos.

Quem topar o convite o fará pensando em criar algo grandioso sob sua liderança e estará comprometido com o futuro do negócio.

Quando o final de semana é a única saída para empreender

Há pessoas que colocam o negócio próprio como meta em determinado estágio da vida. Se esse é o seu caso, tome cuidado com algumas situações. Se o seu momento na carreira como funcionário vai muito bem, será a hora de se demitir para se dedicar ao negócio próprio?

Muita gente acha que sim: quando tudo está bem é sinal de que é possível pensar com mais calma e sem pressão, e assim ter condições de vislumbrar com clareza o futuro do negócio que se deseja criar.

Porém, se o tipo de negócio que você deseja criar não demanda, pelo menos no início, dedicação de 100% do seu tempo, por que assumir um risco tão grande? Não seria mais prudente assumir um risco calculado?

Talvez... Mas há negócios que não permitem dedicação em tempo parcial do empreendedor, como a prestação de serviços especializados, em que o atendimento deve ser feito durante os dias da semana e dependem do conhecimento do empreendedor.

E há outros casos, como os bares e restaurantes, que podem muito bem ser gerenciados sem os olhos do dono o tempo todo presentes. Porém, você precisará contratar pessoas de confiança para tocar o dia a dia do negócio, ou mesmo ter sócios que façam essa atividade.

No início, você, empreendedor em tempo parcial, acaba sendo mais um investidor/conselheiro do que um gestor em tempo integral. Pode não ser a idealização do seu sonho inicial, mas pode lhe ajudar na preparação do próximo passo: a dedicação total ao negócio.

Atualmente, muitos empreendedores têm adotado essa postura e conseguem conciliar o trabalho como funcionários e a dedicação parcial ao negócio próprio, enquanto o negócio dos sonhos não for grande o suficiente para que eles se sintam confortáveis para se demitir.

Lembre-se: nem todo tipo de oportunidade empreendedora pode ser gerida apenas nos finais de semana e o potencial de retorno de negócios que não funcionam em tempo integral é geralmente menor que o de negócios nos quais o empreendedor está totalmente envolvido com o dia a dia da empresa.

Além disso, você deve considerar que se dedicar durante a semana a determinada atividade empresarial como funcionário e nos finais de semana como dono vai deixá-lo sem tempo livre para outras atividades, tais como lazer, descanso, tempo com a família.

Essas são algumas premissas que você não pode deixar de levar em consideração ao decidir criar uma empresa de final de semana, e não apenas o negócio que você quer criar e seu potencial de lucro.

PARTE 10
Desenvolvimento econômico
Responsabilidade social
Sustentabilidade

Empresa que quer fazer diferença precisa pensar em sustentabilidade

Nos dias atuais, a sustentabilidade é um ingrediente importante e impossível de ser dissociado do modelo de negócio de qualquer empreendimento, seja uma pequena empresa de prestação de serviços ou uma fábrica que emprega processos de manufatura sofisticados.

Esse é o seu desafio do novo empreendedor. Não basta fazer contas para saber se o negócio será lucrativo, sem se preocupar com os rejeitos do processo produtivo. Não adianta colocar a empresa para funcionar sem se preocupar em evitar gastos desnecessários com matérias-primas escassas.

Não convém criar uma empresa inovadora em produtos que são lançados no mercado, mas que apresenta gastos excessivos de energia e água. E não vale a pena, para você e para a sociedade no longo prazo, colocar uma empresa em funcionamento mesmo sabendo que no curto prazo traga consequências desastrosas ao meio ambiente.

Além de pecar do ponto de vista moral e talvez até ético, o empreendedor que não se preocupar com a sustentabilidade poderá pagar um preço caro se não seguir as cada vez mais rigorosas leis que têm sido criadas para restringir ações não sustentáveis.

Uma prova de que a sustentabilidade é palavra de ordem dos negócios nos dias atuais pode ser constatada ao se analisar a pesquisa realizada anualmente pela *MIT Sloan Management Review* em parceria com a empresa Boston Consulting Group.

Recentemente, os responsáveis pela pesquisa entrevistaram mais de 3 mil executivos de empresas em 113 países para saber como a sustentabilidade está sendo considerada nessas empresas.

Quando o assunto é o impacto da sustentabilidade no modelo de negócio das empresas, alguns fatores apareceram como os mais importantes e que lideram as preocupações ou iniciativas das empresas para dar mais atenção ao assunto.

O destaque é a demanda do consumidor por produtos e serviços sustentáveis, ou seja, as empresas precisam ser proativas no quesito sustentabilidade se quiserem fazer a diferença no mercado.

Porém, quando se analisam as regiões onde a sustentabilidade é considerada importante pelos executivos entrevistados, a América do Sul aparece com pouco destaque.

Isso mostra o quanto os empreendedores sul-americanos, incluindo os brasileiros, precisam rapidamente mudar de atitude quanto à importância de uma postura mais sustentável no modelo de negócio de suas empresas e iniciativas empreendedoras.

A lição de casa a ser feita pelo empreendedor brasileiro é considerável, mas aqueles que optarem por liderar o desenvolvimento de ações sustentáveis em sua empresa, o que ainda é algo incipiente em nosso país, poderão se diferenciar e assumir a dianteira em seu mercado de atuação.

Trata-se de uma decisão consciente de negócio, que trará resultados positivos à sua empresa e ao ambiente onde está inserida, gerando valor para a sociedade como um todo.

Empresas com responsabilidade social têm produtos mais bem avaliados

A preocupação com o ambiente, a comunidade do seu entorno e os impactos que a presença de uma empresa causa à sociedade têm sido debatidos cada vez com mais frequência no mundo corporativo. E isso pode ajudar a vender mais.

Apesar de não ser um objetivo explícito para a maioria das empresas socialmente responsáveis, tal prática pode auxiliar não só no aumento das vendas, mas na melhoria da percepção dos clientes quanto à qualidade dos seus produtos.

Uma pesquisa realizada por Alexander Chernev e o estudante de doutorado Sean Blair, da Kellogg School da Universidade Northwestern, encontrou evidências que comprovam tal tese.

No estudo realizado, os participantes avaliaram um vinho tinto como tendo um sabor melhor, quando souberam que o vinicultor doava 10% da receita para a American Heart Association.

A percepção que a empresa está fazendo o bem e é socialmente responsável faz com que as pessoas que possuem valores morais similares aos da empresa avaliem de maneira mais positiva suas ações e considerem seus produtos como de qualidade superior.

Isso pode ocorrer mesmo quando os produtos de uma empresa não são superiores em qualidade aos de um concorrente que não evidencie tais práticas.

Fatores adicionais aos aspectos técnicos, usabilidade, *performance* etc. estão sendo considerados de maneira intuitiva pelo cliente, pois ele prefere o produto A ao B por acreditar que, além de satisfazer uma necessidade sua, também auxilia indiretamente outras pessoas.

Por outro lado, apenas dizer no discurso que a empresa é socialmente responsável, mas na prática não demonstrar ações concretas, pode ser um tiro no pé aos espertalhões que pensam em capitalizar sobre a boa vontade e o altruísmo de muitos clientes em potencial.

Infelizmente, não é raro encontrar exemplos que ao final se mostraram grandes decepções aos consumidores. Isso geralmente ocorre quando os executivos estão muito mais preocupados com o lucro e nada mais. No curto prazo, até conseguem resultados, mas isso não é perene.

Aos empreendedores que estão criando seus negócios, vale lembrar que tais práticas responsáveis podem e devem ser parte do seu mantra já na fase *startup*. Não se deve esperar ser grande para praticar o bem. E não é necessário doar dinheiro ou criar uma ONG para que isso ocorra.

Aliás, muitos preferem não divulgar tais feitos, justamente para não induzir o cliente a pensar que as ações benevolentes têm um objetivo oculto. Quando se faz o bem sem pensar em retorno, o retorno ocorre naturalmente. É simples assim e a maioria das pessoas se sente atraída por tais práticas, já que estão em consonância com seus valores morais.

A destruição criativa e o empreendedorismo inovador contemporâneo

Muito se fala em inovação nos dias atuais e que as empresas brasileiras precisam praticá-la de maneira sistemática se quiserem competir em nível mundial. Mas o tema não é novo e o seu conceito foi muito bem enfatizado por Joseph Schumpeter há décadas.

Em seu livro de 1942, *Capitalismo, socialismo e democracia,* o economista norte-americano de ascendência austríaca Joseph Schumpeter definiu o termo "destruição criativa" como um impulso fundamental para o motor do desenvolvimento econômico no mundo capitalista.

As inovações, geralmente trazidas ao mercado por meio de novos produtos e serviços, criam mudanças significativas e até proporcionam o surgimento de novos mercados.

Com isso, passa a ocorrer uma renovação da dinâmica capitalista, com a destruição de modelos de negócio e mercados anteriormente dominantes, que são substituídos pelo novo.

Em vários setores da economia isso tem sido constatado e, atualmente, essa proposição continua ainda mais vigente, haja vista a impressionante velocidade com que as mudanças ocorrem, regendo ou sendo regidas pelo surgimento das inovações.

Como exemplo, imagine o mundo atual sem as redes sociais (Facebook, Twitter, LinkedIn, entre outros). Parece algo improvável, não? Agora, procure apostar no futuro dessas mesmas redes sociais e diga se ainda estarão existindo daqui a 10 anos.

Ou será que serão substituídas por novas aplicações e soluções que ainda não conhecemos? Essa é a essência da destruição criativa de Schumpeter, que move o ímpeto empreendedor do "fazer acontecer".

O que os novos empreendedores ou aqueles já à frente de negócios precisam fazer hoje, que é diferente do passado, é colocar em prática suas ideias criativas de maneira rápida e buscar ganhar escala também rapidamente.

O desafio, então, não está apenas na destruição criativa, mas na velocidade de disseminação de um conceito, sempre buscando estar à frente dos concorrentes.

Por isso que negócios inovadores geralmente demandam muito capital, não só para a inovação em si, mas para sua inserção no mercado. Portanto, a parceria entre o empreendedor inovador e os meios de financiamento é crucial.

Essa barreira vem sendo transposta no Brasil aos poucos, com a criação de fundos públicos, ligados à Financiadora de Estudos e Projetos (Finep) e o Banco Nacional de Desenvolvimento Econômico e Social (BNDES), e, principalmente, com os fundos de capital de risco, que têm crescido no país.

Então, fica a dica: se você tem uma ideia inovadora, precisará se preparar para dialogar e negociar com os detentores do capital para transformá-la em sucesso. Por isso, não basta apenas ter uma grande ideia. Os desafios atuais vão muito além da destruição criativa!

Por que as empresas de médio porte quebram?

As discussões acerca da mortalidade das pequenas empresas são recorrentes quando se fala de empreendedorismo e em criar condições mais convidativas para se empreender o negócio próprio. Mas pouco se fala das empresas de médio porte.

Os desafios de qualquer empresa nunca cessam. Eles existem na fase pré-operacional, na criação do negócio e nas fases seguintes. É o ciclo de vida das organizações que em cada momento precisam superar barreiras com vistas ao crescimento de longo prazo.

Como a maior parte dos negócios que estão em atividade teve os mesmos desafios no início da empresa, é comum encontrar estudos e estatísticas que foquem os primeiros 3 a 4 anos de vida de uma empresa. Mas e depois? O que ocorre quando a empresa ultrapassa essa fase?

As chamadas empresas em crescimento passam pela fase inicial de recuperação do investimento e entram em um novo ciclo. Muitas adquirem o porte do que se chama média empresa (nem micro/pequena e nem grande).

A média empresa pode existir por décadas e muitas vezes é gerida por pessoas de uma mesma família ou funcionários de longa data na casa. Algumas entram em um estágio de sensação de autossuficiência e com isso falham.

Na verdade, alguns estudos mostram que é mais comum e desastrosa a quebra de uma empresa de médio porte que aquelas chamadas de pequenas porque quando o problema fica claro já se passaram anos de atraso e a solução se mostra insolúvel à primeira vista.

Um estudo publicado nos Estados Unidos por Robert Sher mostra que, diferentemente das grandes empresas, as médias não possuem talento tecnológico e organizacional para cessar o problema que está levando a empresa à quebra rapidamente.

E ainda, há algumas características típicas que as médias empresas tendem a não perceber a tempo, pois passam a fazer parte do seu dia a dia.

Entre elas destacam-se: força de vendas arrogante, que pressiona de maneira exagerada a cadeia de valor; desatualização tecnológica e de infraestrutura; poucos talentos em áreas-chave; dependência excessiva de poucos clientes.

O fato é que há desafios em qualquer fase do processo empreendedor. O papel do líder empreendedor é perceber e antecipar os problemas, buscando soluções adequadas ao momento que vivencia em seu negócio.

Médias empresas já passaram pela primeira fase que ainda muitas empresas não conseguem ultrapassar no Brasil (sobreviver ao terceiro ano de vida). Porém, os riscos de um grande tropeço são altos, caso o empreendedor não fique atento e vigilante.

Negócios familiares se saem bem em épocas de recessão

Épocas de recessão são momentos temidos por todo empresário. Isso é natural, já que, com a retração do consumo, há um impacto direto nos resultados das empresas. Mas há empreendedores que conseguem resultados relevantes mesmo nesses momentos turbulentos.

Esses empreendedores que mais se destacam são geralmente os envolvidos com negócios familiares. Essa foi a conclusão de um estudo desenvolvido por Saim Kashmiri e Vijay Mahajan ao analisarem a *performance* de negócios que passaram por recessões.

Eles constataram que, ao invés de assumir uma abordagem conservadora, os empreendedores à frente de negócios familiares fizeram o contrário. Lançaram novos produtos, mantiveram o mesmo nível de investimentos em publicidade e ainda enfatizaram a responsabilidade social.

A comparação foi feita com grupos de empresas familiares e grupos de empresas gerenciadas profissionalmente, com executivos de mercado. Mas porque esse resultado ocorreu? O que motivou essa abordagem proativa nos líderes das empresas familiares?

Segundo os pesquisadores, os empreendedores à frente de negócios familiares estão muito mais preocupados com os resultados de longo prazo, sempre pensando nos ativos que deixarão para as futuras gerações, bem como preservando o nome da família.

Já os negócios gerenciados "profissionalmente" necessariamente precisam dar respostas rápidas aos acionistas, que cobram por resultados, seja em época de recessão ou não. Em momentos críticos, é comum haver corte de custos, demissões etc.

Por outro lado, há muita discussão no mundo dos negócios hoje em dia sobre a profissionalização das empresas familiares. De fato, profissionalizar a gestão traz muito benefício a qualquer negócio.

Porém, se o empreendedor quiser criar algo duradouro, deverá agir estrategicamente admitindo derrotas ou prejuízos no curto prazo, desde que objetivos grandiosos de mais longo prazo sejam almejados.

Grandes negócios não são criados da noite para o dia. Há uma maturação natural e leva tempo para que se tornem referência. Paradoxalmente, é fato que a longevidade média das empresas tem diminuído a cada ano.

Esteja você à frente de uma empresa familiar ou não, lembre-se de não dedicar todos os esforços de gestão e investimentos com vistas apenas a obter resultados imediatos.

Convencer seus interlocutores será o seu grande desafio, já que, atualmente, é raro encontrar empresas e executivos discutindo o que será o negócio daqui uma década, por exemplo. A cobrança é sempre por resultados imediatos.

Empreendedores fazem projeções econômicas mais precisas

O típico empreendedor é uma pessoa otimista que sempre imagina o futuro melhor que o presente. Naturalmente, isso se reflete nas projeções dos resultados financeiros que faz para sua empresa.

Essa reputação dos empreendedores acaba por rotulá-los como pessoas que muitas vezes exageram em sua visão de futuro, que são sonhadores, assumem riscos de maneira irracional e, por isso, deveriam ter mais o pé no chão.

Porém, um estudo recente publicado por Walter Frick (Entrepreneurs Don't Have an Optimism Bias) parece contradizer essa ideia e, pelo contrário, mostra que os empreendedores são bons em projeções econômicas.

O otimismo do empreendedor parece ter suas vantagens. A partir de uma pesquisa realizada com cidadãos suecos durante 15 anos, as pessoas que não são funcionários de empresas fizeram previsões mais precisas sobre a saúde da economia e o crescimento do PIB (Produto Interno Bruto).

Para chegar a essa conclusão, foi feita uma comparação com as previsões daqueles cidadãos considerados menos empreendedores (e mais pessimistas).

Qual a conclusão do pesquisador responsável? Que mesmo sabendo que os empreendedores são notoriamente otimistas e muitas vezes não realistas sobre suas previsões para o negócio próprio, eles são bons para prever o futuro da economia.

Isso tem o seu lado positivo, pois se o pessimismo imperasse na vida dos empreendedores as ideias de negócio mais inovadoras simplesmente deixariam de existir, pois ao surgir qualquer desafio muitos desistiriam de superá-lo.

Hoje em dia, é comum observar notícias sobre os problemas econômicos do país e do mundo, do cenário cinzento que se apresenta para o futuro (pelo menos na visão dos economistas).

Para aqueles que querem empreender, isso pode ser um alerta para pisar no freio. Ou o contrário, já que são notórios os casos de empreendedores de sucesso que começaram seus negócios em épocas de crise.

Se você pensa em montar seu negócio agora ou nos próximos meses, leve em consideração que, apesar do baixo crescimento econômico do país, há muita oportunidade para ideias inovadoras no mercado brasileiro e no exterior.

O mundo continuará a premiar os empreendedores criativos e inovadores com o sucesso, mas para isso o empreendedor precisa perseverar e ser otimista, sem esquecer, naturalmente, de preparar-se para a jornada e de pensar grande!